MARCO POLO

THAILAND

Reisen mit

Insider-Tips

Diese Tips sind die ganz speziellen Empfehlungen unserer Autoren. Sie sind im Text gelb unterlegt.

Sechs Symbole sollen Ihnen die Orientierung in diesem Führer erleichtern:

für Marco Polo Tips – die besten in jeder Kategorie

für alle Objekte, bei denen Sie auch eine schöne Aussicht haben

für Plätze, wo

für

Koordinaten für die Übersichtskarte

Die Marco Polo Route verbindet die schönsten Punkte Thailands zu einer Idealtour

Diesen Führer schrieb Dr. Karl Heinz Buschmann. Er lebte 22 Jahre in Asien, zuletzt fünf Jahre in Bangkok. Die Marco Polo Reihe wird herausgegeben von Ferdinand Ranft.

MAIRS GEOGRAPHISCHER VERLAG

Unsere Autoren haben nach bestem Wissen recherchiert. Trotzdem schleichen sich manchmal Fehler ein, für die der Verlag keine Haftung übernehmen kann.

Titelbild: Image Bank/Montgomery
Fotos: Wormsbücher (4, 58, 91); Thomas (Umschlagklappe vorn, 7, 12, 25, 38, 54, 80); Mauritius/Beck (10. 18, 30, 72); Buschmann (10, 14, 22, 26, 33, 68, 74); Mauritius/Vidler (29, 34, 46, 70); Mauritius/Cassio (64, 77)

5., aktualisierte Auflage 1995

Gestaltung: Thienhaus/Wippermann (Büro Hamburg)
Kartographie: Mairs Geographischer Verlag, Cartografia de Agostini
Sprachführer: In Zusammenarbeit mit Ernst Klett Verlag für Wissen und Bildung GmbH, Redaktion PONS Wörterbücher

Printed in Germany
Gedruckt auf 100% chlorfrei gebleichtem Papier

INHALT

Entdecken Sie Thailand!

Ein Land, das alles bietet: Auf den Spuren fernöstlicher Kultur können Sie sich an den schönsten Stränden erholen oder sich in das Nachtleben der Großstädte stürzen

Das am Schnittpunkt der so heterogenen Kulturen Indiens und Chinas liegende Thailand – die Thais stammen ursprünglich aus Südchina, sind aber in Religion und Kultur vom indischen Subkontinent beeinflußt – übt als exotisches Traumziel steigende Anziehungskraft auf Menschen aus Industrieländern und klimatisch weniger begünstigten Regionen aus. Mit seinen Anhöhen im Norden und Bergstämmen in malerischen Trachten, verfallenen Haupt- und Tempelstädten, heutigen historischen Parks und vor allem Bilderbuch-Stränden entspricht Thailand Wunschvorstellungen. Dennoch sollte man keine überspannten Erwartungen und Illusionen hegen.

Der Charme seiner gläubigen, stolzen und lebensbejahenden Bevölkerung begeistert ebensosehr wie die von Ideologien und kolonialen Ressentiments unbelastete Atmosphäre. Bei seiner Ankunft fühlt sich gewiß jeder Neuankömmling in eine andere Welt, in ein Land des Lächelns versetzt. Mürrische Gesichter sind eine Ausnahme. In nahezu allen Lebenslagen überwiegt ein offensichtlicher Frohsinn. Das Lächeln ist jedoch nicht immer ein Zeichen von Heiterkeit oder gar Herzlichkeit, aber auch nicht des Spottes oder der Schadenfreude. Es ist eine besondere Art und Weise, zwischenmenschliche Beziehungen auszudrücken. Manchen mag es stören, wenn bei einem Fehler oder Verschulden der Beteiligte lächelt. Er bringt damit seine Verlegenheit zum Ausdruck und seine Bereitschaft zur Wiedergutmachung. Lächeln Sie zurück und vermeiden Sie den Konflikt, den auch die Thais scheuen und dem sie möglichst zu entgehen suchen.

Die alltägliche Grußform und Respektsbezeugung ist der *wai.* Man legt die Handflächen zusammen und hält sie vor der Brust. Die ausgestreckten, geschlossenen Finger bleiben unter Kinnhöhe. Der Kopf ist leicht geneigt.

In dieser Form können auch

Über 200000 Mönche und Novizen tragen in Thailand diese safrangelben Gewänder. Ein ganzes Leben lang für Buddha

Ausländer grüßen, sollten sie jedoch nicht zu großzügig anwenden und dadurch entwerten, daß sie den Gruß oder die Dankesbezeugung von Hotelbediensteten, Untergebenen und Personen von sichtbar niedrigerer gesellschaftlicher Stellung mit einem *wai* erwidern. Sie stürzen diese Menschen in große Verwirrung und machen sich selbst lächerlich. Ein freundliches Lächeln mit leichtem Nicken des Kopfes wird freudig akzeptiert. Für die Thai gibt es im übrigen eine Reihe von Variationen, die für den Fremden undurchschaubar sind.

Thailand zählt 58 Millionen Einwohner und gleicht auf der Landkarte in etwa einem Elefantenkopf mit Rüssel oder einer Axt mit Stiel. Es liegt in der Äquatorialzone zwischen dem 5. und 21. Breitengrad. Die Entfernung zwischen Mae Sai, dem nördlichsten Grenzort, und Betong, dem südlichsten, beträgt 2112 km. Die Ausdehnung von Osten nach Westen variiert zwischen knapp 800 km an der breitesten und nur 14 km an der schmalsten Stelle. Mit einer Gesamtfläche von 514 000 qkm übertrifft Thailand das Gebiet der Bundesrepublik Deutschland, Österreichs und der Schweiz um 22000 qkm.

Die fruchtbare zentrale Tief- und Schwemmebene des Mae Nam Chao Phraya, kurz Menam, des Tha Chin und Meklong, ist das Kerngebiet, die Reisschüssel des Landes. Die Aufschüttungen erreichen eine Dicke von über 100 m. Das Deltagebiet dehnt sich auch heute noch aus. Da der untere Teil dieses Flachlandes nur wenige Meter über dem Meeresspiegel liegt, Bangkok nur zwei und Ayuthaya vier Meter, kommt es in der Regenzeit, besonders im September und Oktober, zu Überschwemmungen, die zeitweise auch die Hauptstadt nicht verschonen. Im Westen endet das Tiefland am Tenasserim Gebirgszug, der auch die Grenze nach Myanmar, Birma, bildet. Die davor liegende Bergkette wird von den beiden Flüssen Kwai Noi und Kwai Yai umflossen, die sich zum Meklong vereinigen, der in die Schwemmebene einfließt und ins Meer mündet.

Der Norden Thailands ist von parallel verlaufenden Gebirgszügen durchzogen, niedrigen Ausläufern des Himalaja, zwischen denen Täler und Mulden in Höhen von 200 m (Chiang Mai) und 350 m (Chiang Rai) liegen. Die höchste Erhebung, der Doi Inthanon, mißt 2575 m.

Der Nordosten Thailands, Isan, ein weites, nach Osten leicht abfallendes Plateau, wird im Westen und Süden durch Mittelgebirge und im Norden und Osten durch den Mekong-Fluß begrenzt. Diese Region leidet ständig unter Wassermangel und bietet in der Trockenzeit ein ziemlich trostloses Bild. Im Süden wird das Landschaftsbild von parallel in nordsüdlicher Richtung verlaufenden Bergketten bestimmt. Das Rückgrat bildet der zentrale Gebirgszug, der im Norden mit den Inseln Pha Ngan und Ko Samui beginnt, die Berge von Nakhon Si Thammarat mit Höhen bis 1786 m einschließt und in der Inselwelt von Ko Tarutao ausläuft. Aus dem dazwischen liegenden Hügelland ragen Kalksteinformationen, die in der Bucht von Phang Nga phantastische Formen bilden. Die Küsten zu beiden Seiten sind in Struktur und Gepräge verschieden. Während das Gebirge im Westen bis an die Andaman See, den Indischen Ozean, reicht, sind im Osten zum Golf von Thailand hin südlich von Ko Samui Schwemm- und Aufschüttungsebenen und nördlich von Songkhla eine große Lagune vorgelagert.

In Thailand unterscheidet man drei Jahreszeiten, die kühle von November bis Februar, die heiße von März bis Juni und die feuchte von Juli bis Oktober. Die Winterzeit ist für einen Besuch Thailands ideal. Die Temperaturen bewegen sich um 25 Grad. Selbst 30 Grad sind wegen der geringen Luftfeuchtigkeit noch angenehm. Von März bis Mai kann im Binnenland die Temperatur auf 40 Grad steigen. Die großen Schulferien fallen in diese Zeit. Wer kann, flieht dann ans Meer, um die abendliche Brise zu genießen, oder in die höheren Regionen, wo es in den Talgebieten jedoch auch empfindlich heiß werden kann. Die Regenzeit drückt zwar die Temperaturen, aber die hohe Luftfeuchtigkeit wirkt sich unangenehm aus. Dauerregen ist selten. Der Niederschlag setzt zumeist am Nachmittag ein und fällt zum größten Teil in der Nacht. An den Vormittagen läßt sich durchaus etwas unternehmen.

Die vormals reichhaltige Tierwelt Thailands ist stark dezimiert. Elefanten gibt es nur noch selten in freier Wildbahn. Man stelle sich vor, ein Thailand ohne Elefanten! Kaum auszudenken. Um 1900 soll es noch 200 000 Tiere gegeben haben, in den siebziger Jahren nur noch 17 000, Arbeitselefanten eingeschlossen, deren Zahl heute mit 3000 veranschlagt wird. Der Besuch eines Elefanten-Camps vermittelt einen Eindruck von dem Verstand, der Geschicklichkeit und Stärke der Dickhäuter. Bei einem Tauziehen siegt er mühelos über dreißig starke Männer. Tiger, Leoparden, schwarze Panther und – im nördlichen Berggebiet – Braunbären haben sich in Wildreservate und Randgebiete zurückgezogen und werden kaum noch gesichtet. Auch Gaur, Wildrinder mit einer Schulterhöhe bis zu zwei Metern, Bellhirsche und Tapire sind selten anzutreffen, ebensowenig

Elefanten – Symbole des Glücks und der königlichen Macht – sind in Thailand rar geworden

Süß- und Brackwasserkrokodile in den Seen oder Flußmündungen. In Massen sind sie jedoch auf den Krokodilfarmen zu sehen. Schlangen gibt es zur Genüge, aber eine Begegnung mit ihnen ist höchst selten. Unter ihnen ist die bis über zwei Meter lange Königskobra die gefährlichste. Der mächtige, nicht

Geschichtstabelle

5. Jtd. v. Chr.
Ban Chiang, eine der ältesten Agrarkulturen der Welt

10. Jtd. v. Chr.
Steinzeitfunde im Gebiet von Kanchanaburi

600–1000 n. Chr.
Mon-Königreich Dvaravati im Bereich von Nakhon Pathom

800–1200
Kambodschanische Khmer beherrschen große Teile des heutigen Thailands

1220
Intharathit schüttelt Vorherrschaft der Khmer ab, erstes Thai-Königreich in Sukhothai

1279–1298
Glanzzeit Sukhothais unter Ram Khamhaeng

1350
König Ramathibodi gründet Ayuthaya

1376
Ayuthaya vereinnahmt Sukhothai

1393
Eroberung Angkors, Hauptstadt der Khmer

1595
Chiang Mai wird dem Ayuthaya-Reich einverleibt

1656
König Narai öffnet Siam dem Westen, die »Goldene Stadt« Ayuthaya erlebt ihre Blütezeit

1767
Birmanen erobern und zerstören Ayuthaya

1769
General Taksin befreit Siam. Thonburi wird Hauptstadt

1782
General Chakri als Rama I. neuer König. Bangkok wird neue Hauptstadt

1851–1868
König Rama IV., Mongkut intensiviert Bindungen mit Europa

1868–1910
König Rama V., Chulalongkorn, setzt Reformwerk fort, bewahrt Unabhängigkeit von den Kolonialmächten

1932
Siam wird konstitutionelle Monarchie

1939
Siam heißt jetzt Thailand

1946
Bhumipol Adulyadej wird als Rama IX. gekrönt

1973
Studentenrevolte, Militärregierung tritt zurück

1991
Militärputsch am 23. Februar

1992
Maiunruhen erzwingen Rücktritt General Suchindas. Demokratische Regierung Chuan Leckpais am 1.10. vereidigt

1995
Auflösung des Parlaments, Wahlen am 2. Juli. Sieben Parteien bilden Koalitionsregierung unter Banharn Silpa-archa

giftige Python, der gelegentlich, wie die Giftschlangen, auch in Wohngebieten auftauchen kann, ist für kleinere Haustiere eine Gefahr. Die meisten Thais und Ausländer, selbst wenn sie Jahrzehnte in Thailand gelebt haben, kennen das schaurige Gefühl einer Konfrontation mit diesem Reptil nur von einem Besuch der Schlangenfarm in Bangkok.

Erfreuen kann man sich an den vielen verschiedenen wunderbaren Schmetterlingen. Mannigfaltig ist die Vogelwelt, Greifvögel, Reiher, Kraniche, Marabus, Papageien, Sittiche und nicht zuletzt Klappschnabelstörche, die von November bis Juli zu Tausenden am Wat Pai Lom am Menam nördlich von Bangkok nisten. Fledermäuse schwärmen zur Dämmerungszeit in Massen aus ihren Höhlen. Die Begegnung mit Affen ist keine Besonderheit. Sie sind an vielen Tempeln zuhaus. Süßwasserschildkröten finden sich in Kanälen und Tempelteichen. Meeresschildkröten kommen zwischen November und Februar am Mai Khao Strand an der Nordwestküste Phukets und von September bis Dezember auf den Inseln Ko Khai und Rawi im Tarutao Nationalpark an Land, um ihre Eier abzulegen.

Den Küsten und Inseln vorgelagerte Korallenriffe mit kristallklarem Wasser und variationsreicher Meeresfauna sind Taucherparadiese par excellence. Vorsicht ist vor bis zu zwei Meter langen Muränen und dem giftigen Stachel der Steinfische geboten. Achten Sie darauf, nicht auf Seeigel zu treten. Schmerzhaft kann auch die Berührung mit Feuerquallen sein. Wenn diese in größerer Zahl im Meer auftauchen, ist es besser, das Schwimmbad des Hotels zu benutzen.

In Deltas und flachen, sumpfigen Küstenregionen bilden Mangroven eine schwer zu durchdringende Barriere. Mit ihren Stelzwurzeln beschleunigen sie die Verlandung. An den Sandstränden dominieren Kokospalmen. Immergrüner tropischer Regenwald bedeckt die Bergketten im Süden des Landes, wo häufig Regen fällt. Der nicht so üppige, schüttere Monsunwald im Inneren des Landes wirft in der Trockenzeit sein Laub ab. Über ihm liegt ein blauer Dunst, der von Brandrodungen herrührt. Die Luft riecht nach Rauch.

Das heutige Thailand war, wie Funde in der westlichen Provinz Kanchanaburi belegen, schon in prähistorischer Zeit ein Siedlungsgebiet. Ausgrabungen in Ban Chiang im Nordosten Thailands im Jahre 1974 brachten wunderschöne verzierte Tonvasen und Bronzen zutage, die, verläßlich auf 4500 v. Chr. datiert, beweisen, daß hier eine sehr alte Zivilisation blühte.

Über die folgende Zeit ist kaum etwas bekannt. Man weiß nur, daß ein Reich der Mon vom 6. Jahrhundert n. Chr. an existierte und sein Zentrum im heutigen Nakhon Pathom hatte.

Im Laufe des 9. und 10. Jahrhunderts wanderten die Thais von Südchina ein und gründeten kleine Fürstentümer. Anfang des 13. Jahrhunderts dann konnten sie die Vorherrschaft der Khmer, Kambodschaner, abschütteln. Es entstand unter Intharathitya das erste Thai-Königreich mit Suk-

Wat Phrathat Doi Suthep. Schönster Tempel Chiang Mais aus dem 16. Jh.

hothai als Hauptstadt. König Ram Khamhaeng der Große, der dritte Herrscher der Dynastie, schuf das Thai-Alphabet, dehnte seinen Machtbereich so weit aus, daß er fast das gesamte Staatsgebiet des heutigen Thailand umfaßte. In der Sukhothai-Periode entwickelte sich eine eigenständige Kultur der Thais. Wichtigster Beitrag ist die Schaffung eines neuen Buddha-Bildnisses. Sein Gesicht ist oval, weich, mit der Andeutung eines Lächelns. Die Augenbrauen sind halbkreisförmig geschwungen und die Arme und Finger lang. Kleine Haarlocken umgeben einen Kopfaufsatz, der einer Flamme ähnelt.

Zur Zeit Ram Khamhaengs herrschte im Norden König Mengrai, sein Verbündeter. Dieser gründete 1261 Chiang Rai und 1296 Chiang Mai, das er zur Hauptstadt seines Reiches Lanna Thai machte. Hier entwickelte sich eine eigene Kunstrichtung, die nach ihrem Ausgangspunkt Chiang-Saen-Stil genannt wird. Bildnisse Buddhas wurden aus Bronze gegossen und aus Stein, auch Halbedelstein, geschaffen. Die bei weitem bedeutendste Statue ist der Smaragd-Buddha, eine dreiviertel Meter hohe Figur aus dem 15. Jahrhundert, Emerald Buddha genannt. Dieses heiligste Bildnis Thailands hat seine Bleibe im Wat Phra Keo in Bangkok gefunden.

Unter den Nachfolgern Ram Khamhaengs schwand die Macht Sukhothais. Es geriet unter den Einfluß des neuen aufstrebenden Reiches Ayuthaya, dessen Hauptstadt 1350 von Rama Thibodi auf einer Insel im Menam erbaut worden war. Die Stadt konnte ihren Rang über 400 Jahre behaupten und entwickelte sich zu einer der reichsten und schillerndsten Metropolen der Welt, umgeben von einer Festungsmauer von zehn Kilometern. Klongs, Kanäle, durchzogen das Stadtgebiet. Besucher nannten Ayuthaya das »Venedig des Ostens«, eine Bezeichnung, die später auch vorübergehend für Bangkok Verwendung fand, und zwar bis zu der Zeit, als die Klongs zum großen Teil zugeschüttet wurden, um Platz für Straßen zu schaffen.

In der Gesellschaft und im höfischen Leben vollzog sich ein Wandel. Der König wurde zum unnahbaren, allmächtigen Herrscher und wie ein Halbgott verehrt.

Als erste Europäer fuhren die Portugiesen den Menam hinauf, um Handelsbeziehungen aufzunehmen. Es folgten Engländer, Holländer, Franzosen und Japaner. Ihre Faktoreien lagen am Fluß südlich der Stadtmauer. Reste sind noch vorhanden.

Einige Ausländer brachten es zu Amt und Würden und hohem Ansehen. Der Japaner Yamada wurde Befehlshaber der Königlichen Leibgarde. Der Grieche Constantine Phaulkon, ehemaliger Angestellter der Britischen Ostindien Compagnie, gewann das Vertrauen König Narais und als Kanzler großen Einfluß. Er förderte die Öffnung Siams zum Westen.

Nach über einjähriger Belagerung eroberten und plünderten birmanische Truppen 1767 Ayuthaya und zerstörten es vollständig. Archive und historische Dokumente gingen unwiederbringlich verloren.

General Taksin gelang es, innerhalb kurzer Zeit eine neue Streitmacht zu organisieren und die Birmanen zu vertreiben. Er ließ sich zum König ausrufen und machte Thonburi zur neuen Hauptstadt. 1782 übernahm General Chakri die Macht, gründete Bangkok und als Rama I. die Chakri-Dynastie, die noch heute Thailand regiert. König Bhumiphol Adulyadej ist der neunte Regent in dieser Linie. Die neue Hauptstadt entwickelte sich zu einem wichtigen Macht- und Handelszentrum. Die Anlage des Großen Palastes wurde nach dem Vorbild zerstörter Bauten Ayuthayas errichtet, mit der gelungenen Absicht, den alten Glanz wiederaufleben zu lassen. Unter einer Reihe bedeutender Herrscher wurden wieder Kontakte zu europäischen Ländern geknüpft. Durch eine geschickte Politik erreichten sie, daß Thailand als einziges Land in Süd- und Südostasien nicht zu einer Kolonie wurde. König Mongkut, Rama IV., der von 1851 bis 1868 regierte, reformierte das Erziehungswesen. Sein Sohn und Nachfolger, König Chulalongkorn, setzte während seiner langen Regierungszeit von 1868 bis 1910, die von dem jetzigen Monarchen noch übertroffen wird, die Modernisierung des Landes fort, schaffte die Sklaverei ab und ließ deutsche Experten Eisenbahnen bauen. Als erster unternahm er Auslandsreisen. Viele junge Thais studierten im Ausland und kehrten als kompetente Fachleute zurück, die ihr Wissen und Können in den Dienst ihres Heimatlandes stellten.

Eine Revolution ohne Blutvergießen beendete 1932 die absolute Herrschaft des Königs. Thailand wurde eine konstitutionelle Monarchie. Die folgenden Jahrzehnte brachten eine Reihe von politischen Umwälzungen und Staatsstreichen, die jedoch die stetigen gesellschaftlichen und wirtschaftlichen Fortschritte nicht wesentlich beeinträchtigten. Das Ansehen, die Bedeutung und die Beliebtheit des Königs sind ungebrochen. Die Monarchie ist die staatstragende Institution, ein Symbol, das von allen Thais respektiert wird. Diese Hochachtung wird auch von ausländischen Gästen erwartet.

Von Buddhismus bis Tabu

Was ist tabu? Welche Rolle spielt die Frau in der Gesellschaft? Wissenswertes kurz und bündig

Aids
Nach Untersuchungen der WHO, der Weltgesundheitsorganisation, sind in Thailand etwa 1,5 Prozent der Bevölkerung HIV infiziert. Aidsgefährdet sind in erster Linie intravenös spritzende Drogensüchtige, aber die Zahl der HIV positiven weiblichen und männlichen Sexanbieter steigt rapide. Ihr Anteil macht in den bekannten Sexorten (Bangkok, Pattaya, Hat Yai) über 25 Prozent aus. Die Gesundheitsbehörde stellt denen, die frei vom Aidsvirus sind, ein Zertifikat aus. Wer sich in amouröse Abenteuer stürzen möchte, sollte diesem Dokument nicht zuviel Vertrauen schenken und sich in falscher Sicherheit wiegen. Ein Risiko bleibt.

Bergstämme
Auf Anhöhen im Norden, vorzugsweise zwischen 1000 und 1500 m, leben Angehörige der Bergvölker Karen, Akha, Meo, Lisu, Lahu und Yao, etwa eine halbe Million, in stammesgebundenen Lebensgemeinschaften mit eigenen Sitten und Gebräuchen. Sie bauen im Brandrodungs- und Wanderfeldbau Trockenreis und Mais an und tragen damit zur ökologisch bedenklichen Entwaldung bei. Aus der Kultivierung von Schlafmohn, dem Rohprodukt für Opium und Heroin, beziehen einige ein bescheidenes Einkommen. Die Frauen fallen durch ihre unterschiedlichen, bunten und anmutigen folkloristischen Trachten auf. Karen-Mädchen tragen sandfarbene lange und Lahu-Frauen dunkle, weiß gesäumte Gewänder. Die Akha-Weiblichkeit ist leicht am schweren, helmartigen Kopfschmuck mit viel Silber, kniefreien Röcken und Wadenwickeln zu erkennen. Ältere unter ihnen rauchen gern eine Bambuspfeife. Yao zeichnen sich durch kunstvoll gefaltete dunkle Turbane, mopartige Kragensäume an den blauschwarzen Blusen und phantasievoll bestickte Hosen aus.

Im Mittelpunkt prunkt der vergoldete Chedi. Eine Treppe, am Fuß, bewacht von siebenköpfigen Schlangen, führt zum Heiligtum.

Die aus der Chiang Rai Provinz kommenden Akha-Frauen tragen ihren silberkugelbesetzten Kopfschmuck wie einen Helm

Meo-Frauen tragen delikat verzierte dunkle Röcke über weiten Pluderhosen. Die Tracht der Lisu-Frauen ist die farbenfreudigste. Auf dem Kopf tragen sie einen großen, flachen Turban. Ihr Silberschmuck kann mehrere Kilogramm wiegen.

Bevölkerungswachstum

Familienplanung wird großgeschrieben. Der hohe Bildungsgrad thailändischer Frauen und der steigende Wohlstand haben zu dem Erfolg der Programme und Maßnahmen zur Geburtenkontrolle wesentlich beigetragen. In der Bevölkerung Thailands hält sich die Anzahl der Frauen (27 386 661) und Männer (27 574 256) etwa die Waage. Zur Altersgruppe von 14 bis 44 Jahren zählen 13 Millionen, davon sind 7,7 Millionen verheiratet. Dank der Familienplanung beträgt das Wachstum der Bevölkerung nur 1,2 Prozent. Es gibt 7542 Gesundheitszentren für 60 168 Gemeinden.

Buddhismus

Mönche in safrangelben Roben sind aus dem Straßenbild Thailands nicht wegzudenken. Die Ehrfurcht, die ihnen entgegengebracht wird, wenn sie am frühen Morgen mit ihren Schalen Almosen empfangen, sind ein sichtbares Zeichen der Bedeutung, die der Buddhismus im Leben der Thais spielt. 95,2 Prozent der Bevölkerung bekennen sich zu dieser Religion. Nach der Lehre ist das All einem fortdauernden Wandel, einem immerwährenden Werden und Vergehen, dem Karma, unterworfen. Bis zur Erlösung, dem Nirwana, dem Zustand uneingeschränkten Glücks, ist das Leben eine Folge von Wiedergeburten. Der Mensch hat es selbst in der Hand, durch sein Verhalten die Weichen für seine weiteren Lebenszyklen zu stellen, durch Wohltätigkeit, Güte, Toleranz und Unterdrückung von Begierden, Haß, Zorn und Grausamkeit.

Chinesen
Neben den Thais stellen Chinesen und Sino-Thais mit gut zehn Prozent den größten Bevölkerungsanteil. Sie dominieren im Handel, in der Industrie und im Bankwesen. Sie spielten bereits im frühen Thailand als Kaufleute eine bedeutende Rolle. Später wanderten sie in großer Zahl als Arbeitskräfte für die Kautschukplantagen und Zinnminen ein. Das Chinesenviertel in Bangkok ist einen Besuch wert. Das Verhältnis zwischen Thais und Chinesen wird in Botans Roman »Briefe aus Thailand« aus dem Jahre 1969 anschaulich geschildert, eine informative und entspannende Urlaubslektüre.

Erziehung
In Thailand ist die Zahl der Analphabeten mit zehn Prozent vergleichsweise sehr gering. Zumeist ältere Leute fallen unter diese Gruppe. Es besteht allgemeine sechsjährige Schulpflicht.

Frauen
»Obgleich die Frauen ihren Teil an den Geschäften des Mannes nehmen, sind sie doch in Gegenwart desselben stets sehr unterwürfig, und wenn Europäer dabei sind, nähern sie sich ihm nicht anders als auf allen Vieren kriechend.« Diese Darstellung des Marineoffiziers Reinhold Werner, der im Jahre 1862 Siam bereiste, und die traditionelle Bezeichnung der Frau als »Hinterbein des Elefanten« lassen auf eine Benachteiligung und mindere Rolle der Frau schließen. Die tatsächlichen Gegebenheiten entsprechen jedoch nicht diesem Bild. Die selbstbewußte Thailänderin steht durchaus »ihren Mann«, ist in der Familie die treibende Kraft und nicht selten als erfolgreiche Geschäftsfrau und Unternehmerin tätig, wie die Chefin der Chao Phraya Express Boat Company. Sie ist die Tochter der Gründerin dieser Gesellschaft, die effektiv den regen Personenverkehr auf dem Menam durch Bangkok bewältigt.

Geisterglaube
Übernatürliche Kräfte sind für die Thais allgegenwärtig und bestimmen den Lebensrhythmus. Man schützt sich persönlich mit Hilfe gesegneter Amulette und Tätowierungen gegen böse Geister und umwirbt die guten. Auf beinahe jedem Grundstück, sei es ein einzelnes Wohn- oder großes Etagenhaus, eine Bank oder ein Hotel, findet man Geisterhäuser, deren Platz von Mönchen genau bestimmt und die später auch von ihnen geweiht worden sind. In diesen Häusern werden den Hausgeistern Opfer dargebracht in Gestalt von Blumenkränzen, Räucherstäbchen, Kerzen und auch Eßwaren. Siehe S. 18. Ein typisches Geisterhaus.

Golf
Über sechzig Plätze stehen in- und ausländischen Golfern zu günstigen Konditionen in allen Landesteilen zur Verfügung. Weitere Anlagen sind in der Nähe Bangkoks und der Touristikzentren in der Planung. Einige Besucher kommen nur wegen dieses Sports nach Thailand.

Grundbesitz
Ausländern ist der Besitz einer Eigentumswohnung oder eines

Grundstücks von bis zu einem Rai, 1600 qm, für Wohnzwecke erlaubt. Der Besitz von gewerblich genutztem Land hängt von der Art des Gewerbes ab.

Kinder

Thais zeichnen sich durch Kinderliebe und Respekt vor dem Alter aus. Bis zum schulpflichtigen Alter und dem Zeitpunkt, wo sie sich in der Schule strikter Disziplin unterwerfen müssen, genießen Kinder große Freiheiten. Sie werden in Thailand nicht so sehr zur Selbständigkeit erzogen wie in anderen Ländern. Durch Erfahrung und Erziehung lernen sie, aus der Lebensweisheit der Älteren Nutzen zu ziehen. Mutter und Vater und Großeltern genießen große Verehrung. Kinder fühlen sich verpflichtet, den Eltern zu helfen und sie zu versorgen, wenn sie es selbst nicht mehr können.

Kleidung

Im Straßenbild wird deutlich, daß Thais Wert darauf legen, adrett und sauber gekleidet zu erscheinen. Unordentlich angezogene Leute, die auffallen, sind zumeist keine Thais. Viele Mädchen, wie Verkäuferinnen in Kaufhäusern, tragen Rock und Bluse in gleichen Farbkombinationen und sind unschwer als Angestellte eines bestimmten Unternehmens zu erkennen. Schüler und Studenten tragen Uniformen, die sie häufig viel jünger erscheinen lassen als sie in Wirklichkeit sind. Zu besonderen Anlässen präsentieren sich Lehrer und Professoren, wie auch andere Regierungsbeamte, in makellosem Weiß mit den Insignien ihres Ranges und Ordensspangen.

Militär

Im öffentlichen Leben spielt das Militär eine einflußreiche Rolle, wenn auch sein Ansehen nach dem Vorgehen gegen Demonstranten im Mai 1992 gelitten hat. Die Regierung, der ehemalige hochrangige Offiziere angehören, sucht und braucht die Kooperation und Unterstützung der militärischen Elite.

Monarchie

Seit Beginn seiner Geschichte ist Thailand ein Königreich. Im Jahre 1932 verlor die Monarchie ihre absolute Macht, genießt aber nach wie vor hohes Ansehen. Dieser Respekt wird auch vom ausländischen Besucher erwartet.

Musik

Die Aufgabe der traditionellen Musik besteht darin, die Lied-

Die Marco Polo Bitte

Marco Polo war der erste Weltreisende. Er reiste in friedlicher Absicht, verband Ost und West. Er wollte die Welt entdecken, fremde Kulturen kennenlernen, nicht zerstören. Könnte er für uns Reisende des 20. Jahrhunderts nicht Vorbild sein? Aufgeschlossen und friedlich sollte unsere Haltung in anderen Ländern sein. Dazu gehören auch Respekt vor Mensch und Tier und die Bewahrung der Umwelt.

WWF

texte des klassischen Tanzes zu untermalen. Sie unterscheidet 36 Melodiengruppen, die Stimmungen und Bewegungen verdeutlichen. Das Orchester, das Schatten- und Maskenspiele begleitet, umfaßt sechs bis zwanzig Instrumente, den xylophonartigen *ranad ek*, ein rundes Holzgestell mit aufgereihten Gongs am Rand, *gong wong yai*, Trommeln und Zimbeln sowie ein Blasinstrument aus Holz.

Nachtleben

»Bangkok bei Nacht« ist eine der Attraktionen, die Touristikunternehmen anbieten und die in Hotels gebucht werden können. *Patpong* und *Soi Cowboy* in *Bangkok* und der *Strip* in *Pattaya* sind die hauptsächlich von Ausländern frequentierten Vergnügungsviertel. In den Bars tanzen Go-Go-Mädchen, während Gäste ihr Bier trinken. Der Preis ist angemessen, am frühen Abend zur »Happy hour« sogar recht niedrig. Im oberen Stock kann es sexuelle Unterhaltung der stärkeren Sorte geben. Wer allein ist, bleibt es nicht lange. In Massagesalons sitzen Mädchen mit gut erkennbaren Nummern hinter einer nur von außen durchsichtigen Glasscheibe. Der Kunde trifft seine Wahl und Entscheidung für eine normale Handmassage oder verfeinerte Version in der die Masseuse ihren ganzen Körper einsetzt. Besonders attraktive »Damen«, die auf dem Gehweg flanieren, brauchen nicht unbedingt weiblichen Geschlechts zu sein. Shows der Transvestiten sind wichtiger Bestandteil des Unterhaltungsgeschäfts und in Pattaya sehenswert.

Namen

Erschrecken Sie beim Austausch von Visitenkarten nicht über lange und schwierige Namen. Die brauchen Ihnen kein Kopfzerbrechen zu bereiten, denn in Thailand ist es üblich, sich mit dem ehrenden *Khun*, bei Frau und Mann, ob verheiratet oder ledig, und dann dem leichteren Vornamen anzureden.

Perlenzucht

Ende des 19. Jahrhunderts gelang es dem Japaner Mikimoto, die erste Perle zu züchten. Seine Methode wird auch heute noch überall in der Welt angewandt. Experten führen mit höchster Präzision einen Fremdkörper in die Auster ein, den diese dann mit einer *Nacre* genannten Substanz überzieht. In thailändischen Gewässern wird die halbe Mahe-Perle in Flügelaustern gezüchtet und die runde Südseeperle in Goldlippenaustern, die in der See um Myanmar (Birma), Thailand, den Philippinen, Indonesien und Nordaustralien vorkommt. Die normale in Thailand gezüchtete Perle hat einen Durchmesser von 0,8 cm. Die größte bisher gefundene Perle mit 4 cm Durchmesser und 30 g Gewicht wurde 1987 auf der Ko Samui Farm aus einer Auster geholt. Sie befindet sich jetzt im Mikimoto Perlenmuseum in Japan.

Prostitution

Nach jüngsten regierungsamtlichen Schätzungen soll es etwa 80 000 männliche und weibliche Prostituierte in Thailand geben. Sozialarbeiter veranschlagen die Zahl auf mehrere hunderttausend, die allerdings nicht alle auf den Sextourismus eingestellt sind, sondern auch dem einheimischen »Markt« zur Verfügung stehen.

Rauschgift
Der Mohnanbau im »Goldenen Dreieck« spielt nach wie vor eine bedeutende wirtschaftliche Rolle, überwiegend auf birmanischer und laotischer Seite. Um auf thailändischem Boden die Rauschgiftproduktion einzudämmen, sind Modellprojekte entwickelt worden, welche den Anbau von Reis, Gemüse und Kaffee als Substitution für die Mohnkultivierung fördern sollen. Deutschland beteiligt sich seit 1981 mit einem finanziellen Beitrag von zwanzig Millionen Mark.

Segeln, Surfen
Die Segelreviere Thailands können sich mit den schönsten der Welt messen. Die Segelsaison ist für Pattaya ganzjährig, für Phuket von November bis April und für Ko Samui von Mai bis Oktober.

Surfen ist in Thailand eine ausgesprochen beliebte Sportart. In der Nähe der Strandhotels oder auch als Teil ihres Angebots gibt es Einrichtungen, die Bretter und Segel ausleihen und Unterricht anbieten.

Sprache
Die an den Schulen gelehrte Nationalsprache basiert auf dem Idiom der Zentralregion und wird von allen verstanden, gesprochen und geschrieben, ist aber die Muttersprache von nur einem Viertel der Bevölkerung. Ein Drittel spricht nordöstliche, ein Fünftel nördliche und ein geringerer Teil südliche Dialekte. Wie das Chinesische ist Thai eine tonale Sprache mit einfacher Syntax und unterscheidet fünf Tonhöhen, die für Ausländer kaum wahrzunehmen und noch schwerer zu erlernen sind. Bei falschem Tonakzent wird das Wort überhaupt nicht oder nicht richtig verstanden. Thais haben ihre eigene Schrift mit 32 Vokalen, 46 Konsonanten und 5 diakritischen Zeichen.

Täglich werden mit Opfern Geister versöhnlich gestimmt

Tabus
Der Kopf gilt in Thailand als das bedeutendste Körperteil. Er ist bei einer anderen Person auf keinen Fall zu berühren. Wildes Gestikulieren, mit lauter Stimme reden oder gar schreien, jemandem in kameradschaftlicher Form auf die Schulter klopfen, löst Unverständnis, Betroffenheit und unter Umständen unerwartete Reaktionen aus. Es ist unhöflich, mit dem Finger auf eine Person zu zeigen. Gipfel der Unhöflich- und Unschick-

lichkeit wäre es, die Füße auf den Tisch zu legen. Schon die Beine übereinander zu schlagen und die Fußspitzen, wenn auch ungewollt, auf jemanden zu richten oder beim Sitzen auf dem Boden die Beine auszustrecken und dann die Fußsohlen zu zeigen, gilt als sehr schlechtes Benehmen. Achten Sie stets auf Ihre Füße! Die geringe Wertschätzung der Füße überträgt sich auf die Schuhe. Sie sind beim Betreten von Tempeln, Wohnräumen und einigen Büros auszuziehen. Stehen bereits Schuhe vor dem Eingang, stellen Sie Ihre dazu.

Tanz

In einer Unterabteilung des Nationaltheaters werden Kinder im frühen Alter im klassischen Tanz ausgebildet. Die Szenen bei Aufführungen stammen aus dem Heldenepos Ramakien. (Das auf dem indischen Vorbild Ramyana beruht. Kern dieser umfangreichen thailändischen Nationaldichtung ist die Entführung Sitas, der tugendhaften Gemahlin König Ramas, durch den Dämonen Tosakan und ihre Befreiung mit Hilfe des Affengottes Hanuman.) Kurze Einlagen klassischen Tanzes sind fester Bestandteil des abendlichen Kulturprogramms in bestimmten Restaurants während eines kompletten Abendessens.

Tauchen

Pattaya und Phuket sind die wichtigsten Tauchzentren. Qualifizierte, auch deutschsprachige Lehrer, Mitglieder der internationalen Professional Association of Diving Instructors, PADI, vermitteln Anfängern Grundkenntnisse. In allgemeinen Kursen können sich Fortgeschrittene weiterbilden, in Speziallehrgängen auf Unterwasserfotografie, Bergungs-, Rettungs-, Nacht- und Forschungstauchen spezialisieren oder zu Tauchlehrern mit international anerkanntem Abschluß ausbilden lassen. Die Tauchreviere vor *Pattaya*, um *Phuket* und insbesondere die *Similan-*, *Surin-* und *Tarutao-Inseln* mit ihren Korallenriffen haben Unterwasser-Sichtweiten von mehr als dreißig Metern, das Similan Archipel im Winter sogar von fünfzig Metern.

Theater

Das traditionelle Schattenspiel »Nang« mit Figuren, die aus Rinderhaut geschnitten sind, das Volksdrama »Like«, das Puppentheater »Nang Thalung« und das einige Stunden dauernde Maskenspiel »Khon« werden noch gepflegt, nicht zuletzt, um den Touristen vorgeführt zu werden. Die traditionellen Kunstgattungen geraten jedoch gegenüber der modernen Unterhaltung immer mehr ins Hintertreffen.

Tempel

»Die Watts sind oblonge viereckige Gebäude. Der Watt Sudat ist wie alle Tempelgebäude aus Backstein aufgeführt, mit weißem Stuck bekleidet und mit Ziegeln gedeckt; jedoch ist das Dach dreifach, d. h., es sind drei Dächer sattel- und terrassenförmig übereinander gesetzt. Die sechs Giebel des Daches tragen jeder einen großen vergoldeten Adlerflügel, eine Zierde, die durch ihre Schönheit den Beschauer außerordentlich frappiert.« Erstaunen und Bewunderung, die Reinhold Werner 1862 zum Ausdruck bringt, ergreifen auch heute noch den Besucher beim Anblick größerer Tempelkomplexe. Bangkok hat fast 400 Tempel und Thailand insgesamt 23 700. Die ummauerte Tempel- und Klosteranlage, das *Wat*, umfaßt eine Reihe von Bauten, von denen der Wohnbezirk der Mönche abgetrennt ist.

Das Hauptgebäude ist der *Ubosoth* oder *Bot*, eine Halle in einfacher, nüchterner Ausführung mit einem Schiff oder mit Seitenschiffen. In ihm finden die bedeutenderen religiösen Zeremonien statt. In größeren Wats kann der Bot, wie von Werner beschrieben, imposante Dimensionen erreichen. Der des wichtigsten Königlichen Tempels Thailands, *Wat Suthat* in Bangkok, mißt 80 m in der Länge. Er steht auf einer Terrasse. Die abgestuften Satteldächer mit geschwungenen Firstlinien, die in hornartigen »Chofas», Spitzenverzierungen, auslaufen und stilisierten Schlangenornamenten an den Traufen, sind mit farbigen, glasierten Dachziegeln gedeckt und verleihen den Tempeln einen eigenartig exotischen Reiz. An den Dachrändern hängen Glöckchen, die schon bei leichter Brise zart anklingen. Die Giebeldreiecke sind reichlich geschmückt. Mauern, Säulen und Pfeiler verjüngen sich nach oben und neigen sich leicht zur Mitte. An der westlichen Schmalseite ist im Hintergrund auf einem Sockel das den Raum beherrschende Bildnis Buddhas mit Blick nach Osten plaziert. Die Wände des dämmrigen Innenraums sind bei wohlhabenderen Tempeln mit Malereien versehen, von denen die besten zu den Kulturschätzen der Welt gehören. Acht Semas, außen in der Achse und an den Ecken aufgestellte Grenzsteine aus Sandstein, bestimmen den geweihten Raum. Ein neunter ist im Bot vergraben.

Der *Wihan*, im Wat das zweitwichtigste Gebäude, unterscheidet sich in der Anlage vom Bot nur durch das Fehlen der Semas. Er dient als Versammlungsraum für die Gläubigen. Kleinere Wats haben keinen Wihan, größere dagegen mehrere und dazu noch von Galerien umschlossene Höfe, Pavillons, Wächterfiguren und *Chedis*. Diese glockenförmigen, massiven Erinnerungsbauten haben sich aus indischen Stupas und singhalesischen Dagoben, Grabhügeln, entwickelt. Sie münden in aufstrebenden Spitzen.

Der *Prang*, ein schlanker Turm im Stil des *Khmer-Tempels* von *Angkor Wat* aus dem 12. Jahrhundert, ist ein typisches Element der thailändischen Architektur. Er präsentiert sich als eigenständiges Bauwerk wie im Tempelturm des *Wat Arun* in Bangkok oder als Oberbau und aufgesetzter Dachreiter eines anderen Gebäudes.

Der *Mondop*, ein Pavillon von quadratischem Grundriß mit Pfeilern und pyramidenförmigem Dach, ist über einem verehrungswürdigen Gegenstand, im Heiligtum *Phra Phutthabat* bei Saraburi, einem Fußabdruck des Erleuchteten, errichtet. Er kann, wie im *Wat Phra Keo* in Bangkok, auch als Bibliothek dienen. Mit *Prasat* bezeichnet man das Turmheiligtum eines Khmer-Tempels oder auch die gesamte Anlage. Die bekannteste ist *Prasat Phanom Rung* in der Provinz Buriram nördlich der Grenze zu Kambodscha.

Regional begrenzt auf den Norden des Landes ist der auf einem Sockel errichtete und sich nach oben verjüngende, turmartige *That*. In ihm werden Gegenstände, Reliquien von hoher religiöser Bedeutung aufbewahrt. Das bekannteste Bauwerk dieser Art ist der *That Phanom* in Nakhon Phanom am Mekong.

Als bemerkenswerte architektonische Elemente finden Nagas, Schlangennachbildungen, an den Giebeln und in ansehnlicher Größe als Brüstungen an Treppen zu Heiligtümern Verwendung. Ein gutes Beispiel ist der Aufgang zum Tempel auf dem *Wat Doi Suthep* in Chiang Mai.

Tourismus

Im ersten Quartal 1993 reisten 1 084 607 Touristen über den Flughafen Bangkok nach Thailand ein, unter ihnen 84 588 Deutsche und 20 865 Schweizer. Der Fremdenverkehr ist die Haupteinnahmequelle des Landes. In der Erwartung eines noch steigenden finanzkräftigen Besucherstroms entstehen immer mehr neue Hotels.

Typischer Sport

Bei der in Europa unbekannten Sportart Takrao wird ein Rattanball mit Füßen, Knien, Schultern, Köpfen und Ellenbogen in der Luft gehalten. Der Gebrauch der Hände ist dabei nicht erlaubt. Die Behendigkeit der Spieler ist erstaunlich. Auch beim Thai Boxen, einem alten Kampfsport, zeigen die Kontrahenten eine unglaubliche Geschicklichkeit. Sie dürfen Beine und Füße einsetzen und tun es mit einer Virtuosität sondergleichen.

Wirtschaft

Thailand ist noch überwiegend ein Agrarland. Die ausgedehnten Reisfelder in den Ebenen und Flußtälern fallen ins Auge. Doch das Bild trügt, denn Thailand hat sich zu einem Schwellenland entwickelt. Zu Beginn der achtziger Jahre betrug der Anteil unverarbeiteter und verarbeiteter Agrarprodukte noch fast die Hälfte des Ausfuhrvolumens, Ende des Jahrzehnts nur noch weniger als ein Drittel. Der Anteil veredelter Halb- und Fertigprodukte stieg dagegen von gut einem Drittel auf fast zwei Drittel. Hauptausfuhrartikel sind in erster Linie Textilien. Es folgen Reis, Kautschuk, Schmuck und Edelsteine, Lebensmittel in Dosen und integrierte Schaltkreise. Deutschland ist der viertgrößte Handelspartner Thailands, steht aber im Hinblick auf Direktinvestitionen weit hinten auf dem elften Platz. Japan investierte das 45fache, Taiwan, wie die USA, das 15fache und Hongkong das Sechsfache.

Wohnung

Häuser und Wohnungen haben normalerweise keinen Flur. Man tritt sogleich in den Hauptraum. Die Schuhe sind vorher auszuziehen! Über die Türschwelle tritt man hinweg. Auch bei Tempeln ist darauf zu achten. Die Mietpreise für Wohnungen haben stark angezogen und verteuern das ansonsten noch recht preisgünstige Leben erheblich.

TOWER 2

Reis in allen Variationen

Reis ist aus der thailändischen Küche nicht wegzudenken. Raffiniert zubereitet wird er immer wieder zu einem neuen, oft scharfen Erlebnis

Essen
Thailand ist ein Paradies für Feinschmecker. Besucher profitieren von der Neigung seiner Bewohner, gut, gern und oft zu essen, wann immer der Appetit sich einstellt, aber nie im Übermaß. Thais beginnen am Morgen mit einer Reissuppe. Mittag- und Abendessen unterscheiden sich nicht. Die beneidenswerte Gabe der Thais, das Leben zu genießen, manifestiert sich auch in der Küche. Die leichte und schmackhafte Kost ist variationsreich, kann aber für nicht daran gewöhnte Gaumen sehr oder zu scharf sein. Vorsicht ist vor dem grünen und roten Chili, *Plik*, geboten.

Statt Salz nehmen Thais eine scharfe Fischsoße, *Nam pla*, zum Würzen.

Zu jeder Mahlzeit gehört weißer, trockener, körniger Reis. Im Norden und Nordosten des Landes ißt man mit Vorliebe klebrigen Reis, *Khao nio*, der mit den Fingern zu kleinen Bällchen geformt und in die Soßen und Beilagen getaucht wird.

Eine andere und häufige Art der Zubereitung ist der gebratene Reis, *Khao pat*, den man als *Khao pat mu* (mit Fleisch vom Schwein), *Khao pat küng* (Garnelen), *Khao pat gai* (Huhn) und *Khao pat pu* (Krabben) bestellen kann.

In Thailand ißt man mit Löffel und Gabel. Messer sind nicht erforderlich, weil die verschiedenen Gerichte mundgerecht serviert werden. In den zahlreichen chinesischen Gaststätten ißt man mit Stäbchen. Fremde bekommen zunächst auch Löffel und Gabel.

Das Hauptgericht besteht aus Fisch *(pla)*, Schweinefleisch *(mu)*, Huhn (gai), Ente *(pet)*, Rind *(nua)*, Krabben *(pu)*, die süß-sauer *(prio wan)*, gegrillt *(yang)*, gebraten oder gebacken *(tot)*, gekocht *(nüng)* aufgetischt werden können. Dazu gibt es scharfen oder milden Curry. Eier können vom Huhn *(khai gai)* oder der Ente *(khai pet)* sein.

Die Nudeln aus Weizenmehl *(bami)* haben eine leicht gelbliche

Das Auge ißt mit:
Verlockend ist das Schnitzwerk des Marktverkäufers

Portugiesen brachten den Chili

Grüner und roter Chili sind wichtige Bestandteile der thailändischen Küche und aus ihr nicht mehr wegzudenken. Chili kann einen Höllenbrand im Mund entfachen, der mit Wasser oder einem anderen Getränk nicht zu löschen ist, eher mit Reis, Gemüse oder Früchten. Kaum vorstellbar, daß er vor dem 15. Jahrhundert in Thailand noch unbekannt war. Die Portugiesen, die als erste Europäer das damalige Siam besuchten, brachten ihn mit.

und die aus Reis *(kwiteo)* eine weiße Farbe. Sie werden knusprig gebraten oder auf verschiedene Weise mit Fleisch und Gemüse oder in Suppenform zubereitet.

Die *Suppe* gehört zum Hauptgericht und wird mit diesem zusammen gegessen. Die bekannteste, pikanteste und beliebteste ist *tom yam*, eine leicht säuerliche und scharfe Suppe, zuweilen zu scharf für europäische Gaumen.

Trinken

Einwandfreies, in Flaschen abgefülltes Wasser und ein Behälter mit Eis werden ohne Aufforderung und kostenlos oder gegen geringe Bezahlung gereicht. Gern wid auch das starke Singha Bier getrunken. Es ist überall erhältlich. Das exklusivere, etwas teurere Kloster Bier trifft mehr den europäischen Geschmack. Einheimischer Whisky ist sehr beliebt. Er besitzt zwar nicht den herkömmlichen Whiskygeschmack, mundet aber vorzüglich mit Zitrone und Wasser. Nicht selten sieht man Leute, die ihn schon am Morgen in fröhlicher Runde trinken. Große Kaufhäuser und Spezialgeschäfte offerieren ein beachtliches Sortiment europäischer, australischer und kalifornischer Weine. Sie sind auch in Restaurants mit Touristenkundschaft zu haben und nicht billig. Thais sind in der Regel keine Weinkenner und -genießer. Nichtalkoholtrinker bestellen *nam som* (Orangensaft), *nam maprao* (Kokosnußmilch) oder *nam manao* (Zitronensaft mit Wasser oder Soda).

Restaurants

Keine Stadt der Welt bietet eine solch große Auswahl und Zahl an einheimischen und ausländischen Restaurants, die echte Küche ihrer Länder anbieten, wie Bangkok. Thai-Restaurants findet man in allen Stadtteilen, Straßen und Gassen. Die Spannbreite reicht von dem größten der Welt mit 3000 Sitzplätzen, wo die Kellner das Essen auf Rollschuhen mit erstaunlicher Geschicklichkeit und Schnelligkeit heranbringen, bis zu einfachen Lokalen mit spartanischer Einrichtung.

Eine angenehme Art, ein vollständiges und typisches Thai-Menü zu genießen, ist ein Abend mit klassischen und volkstümlichen Tanzvorführungen in bestimmten Restaurants in Bangkok und Chiang Mai.

Die mildere nordthailändische Küche wird dem Gast aus dem Westen besser schmecken als die des Nordostens, die als die variationsreichste, allerdings auch schärfste und beste Thailands gilt. Im Süden ist das Essen schon malaiisch beeinflußt.

Thais lieben es, in Gesellschaft zu speisen, in Gruppen von Freunden, mit Geschäftspartnern oder mit Familienangehörigen, und zu ihrem Reis viele kleine Gerichte zu bestellen, von denen dann jeder kosten kann.

In einer Gruppe ist es unüblich, auf getrennter Rechnung zu bestehen oder anteilmäßig zu zahlen. Wenn es sich nicht um eine Einladung handelt, zahlt der, welcher die höchste Position einnimmt oder am ehesten dazu in der Lage ist. Die Wertschätzung der anderen ist ihm gewiß. Sich dieser Pflicht zu entziehen, hat einen Gesichtsverlust zur Folge mit allen negativen Konsequenzen für das gesellschaftliche Ansehen.

Früchte

Reich ist das Angebot an tropischen Früchten, von denen einige in Europa unbekannt sind. Die wichtigste ist die Banane *(kluai)*. Es gibt verschiedene Sorten. Die süße, saftige, aromatische Obstbanane *(kluai hom)* wird frisch gegessen. Die stärkehaltige, kleinere Mehlbanane wird gekocht, geröstet *(kluai tot)* oder wie Pommes frites zubereitet. Das orangegelbe bis rötliche Fruchtfleisch der Papaya *(malako)* ist das am häufigsten servierte Obst. Von April bis Juli macht ihr die Ananas *(sapparot)* diesen Rang streitig. Eine Delikatesse ist die Mango *(mamuang)*, eine größere Steinfrucht. Weniger bekannt sind Mangosteen *(mangkut)* mit dunkler Rinde und Rambutan *(ngo)*, haarige rote Früchte mit schwarzem Kern. Beide haben sehr wohlschmeckendes weißes Fruchtfleisch. Die grüne Guave, *farang* genannt, ist während der Winterzeit fester Bestandteil des thailändischen Speiseplans. Wichtig sind die verschiedenartigen Zitrusfrüchte. Der Saft der kleinen, ergiebigen Zitrone ergibt verdünnt ein beliebtes Getränk. *Som oh* oder *Pomelo* ist der Grapefrucht ähnlich, aber ohne deren leicht bitteren Geschmack. Das gelbe Fruchtfleisch der schweren Jackfrucht *(kanum)* steht das ganze Jahr über zur Verfügung. An dem kopfgroßen *Durian*, der Zibet- oder »Stinkfrucht«, die zur Sommerzeit reift, scheiden sich die Geister. Für die einen ist der Geschmack des cremeartigen Fruchtfleisches der Gipfel des Genusses, während andere den käsigen Geruch nicht ausstehen können. Wassermelonen, Litchis, Longan *(lamyai)*, kleine Früchte mit brauner Schale, Holz-, Rosen- und Zuckeräpfel und schließlich noch Erdbeeren aus dem Norden runden das vielfältige Bild des thailändischen Früchtemarkts ab.

In der Samson Road in Bangkok gibt es täglich frischen Fisch

Thailands Schätze – gewußt wo

Schillernde Seiden und schwere Brokate sind von Besuchern heiß begehrt. Doch Thailand bietet noch viel mehr

Besucher kommen nach Thailand, um sich zu erholen, zu vergnügen, schnell und billig Anzüge, Kostüme und Kleider schneidern oder sich in Bangkok preiswert und gut zahnärztlich behandeln zu lassen, nicht zuletzt jedoch auch, um Souvenirs, Dekorationsmaterial, Gebrauchs- und Geschenkartikel zu erstehen.

Einkaufen in Thailand ist ein Vergnügen, wenn man einige Vorsichtsmaßregeln beachtet. In Kaufhäusern und einigen Geschäften sind die Waren ausgezeichnet. Die Preise liegen fest. Man tut gut daran, sich hier zunächst einen Überblick zu verschaffen, bevor man die Märkte heimsucht, wo das Aushandeln der Preise üblich, ja eine Notwendigkeit ist. Die Stimmung und Einschätzung des Verkäufers und das geschickte Verhalten des Käufers bestimmen den Endpreis, der 10 bis 40 Prozent unter der ersten Forderung, dem Anfangsangebot liegen kann. Ein freundliches Lächeln und Geduld machen sich bezahlt. Führer, die ungebeten ihre Dienste anbieten, sind keine wirkliche Hilfe, eher eine Belastung, da sie Geschäfte ansteuern, die ihnen Prozente gewähren, die dann auf den Preis aufgeschlagen werden. Die weltberühmte *Seide*, als Meter- oder Fertigware, steht zusammen mit *Brokaten* gewöhnlich an der Spitze der Wunschliste. Als Mitbringsel sind Krawatten, Schals mit Batikmustern, seidenbezogene Alben, Bilderrahmen, Etuis und Schatullen beliebt. Schwere Seiden finden als Vorhänge und Bezugsstoffe Verwendung. Führend in der Herstellung und im Vertrieb ist die *Thai Silk Company* von Jim Thompson in Nr. 9 Surawong Straße in Bangkok. Die Auswahl ist phantastisch. In anderen Seidengeschäften sind Artikel ohne den klangvollen Namen bei vielleicht auch minderer Qualität billiger zu haben.

Neben Seide wird auch ein breites Sortiment von *Baumwolle* angeboten. Besonders attraktiv sind die bunten und reich be-

Mit ein wenig Geduld bringt die Suche nach Souvenirs auf den Märkten Spaß

stickten Stoffe und Artikel der Bergstämme, die auf dem Sonntagsmarkt in *Bangkok*, dem Nachtmarkt in *Chiang Mai* und in Läden der *nördlichen Provinzstädte* zu finden sind. Handgemalte *Papier-* und *Seidenschirme* und *-fächer* in allen Größen stammen aus dem Dorf *Bor Sang* unweit von Chiang Mai. Die Fertigung von *Kunstblumen* und *-pflanzen* hat einen beachtlichen Aufschwung genommen und eine Qualitätssteigerung erfahren. *Masken* aus Papiermaché, die bei den Khon-Spielen benutzt werden, und *Puppen* mit Trachten der Provinzen, der Bergstämme und als Thai-Tänzerinnen oder Gestalten aus den Heldenepen gekleidet, zählen, wenn sie mit Sorgfalt und aus gutem Material hergestellt sind – das ist nicht immer der Fall – zu den netten Erinnerungsstücken.

Thais haben eine Vorliebe für *Gold*. Der jeweilige Preis ist genau festgelegt und in den Juweliergeschäften angezeigt. Goldschmiede finden sich konzentriert in Bangkok im Bezirk *Yaowarat, Chinatown*. Finger- und Ohrringe, Armbänder, Anhänger werden gewogen und mit einem Aufpreis für die Arbeit verkauft. *Edelsteine* spielen, mit steigender Tendenz, eine wichtige Rolle im Export Thailands. Edelsteinzentrum ist *Chanthaburi*. Topase, Rubine, Saphire und Tigeraugen, die in Kambodscha und Birma gefunden werden, finden ihren Weg über die Grenzen. Die Internationale Schmuckwarenmesse in Bangkok ist immer gut besucht. Juweliere bieten einmalige Stücke mit Rubinen, blauen und schwarzen Saphiren, Türkisen, Granaten und Zirkonen an, die dem Geschmack der Thais oder mit modernem Design, dem Geschmack der ausländischen Kunden entsprechen.

Die Herstellung von Dosen, Schalen und Schüsseln aus *Silber* mit erhabenen Mustern hat Tradition. Sie wird besonders in *Chiang Mai* gepflegt. Die Bergstämme haben eine Vorliebe für Silberschmuck. *Niello*, Schwarzschmelz, ist die Kunst, Gravierungen auf Gold oder Silber mit einer dunklen Legierung aus Kupfer und Blei aufzufüllen. Meister dieser Sparte des Kunsthandwerks findet man außer in *Bangkok* und *Chiang Mai* noch in *Nakhon Si Thammarat*.

Aus der Kupfer-Zink-Legierung *Messing* werden Tierfiguren, Bestecke, Schalen, Kerzenhalter, Aschenbecher, viele nützliche Dinge, aber auch viel überflüssiger Tand hergestellt.

Qualitativ hochwertige und formenreiche *Sawankhalok-Keramik* ist seit 700 Jahren, der Sukhothai-Periode, bekannt. Alte Brennöfen sind in *Ban Go Noi* nördlich von *Si Satchanalai* freigelegt. Die meergrüne Seladon-Glasur wird auch heute noch geschätzt. Brennereien in der Umgebung von Bangkok produzieren blauweißes Porzellan.

Lackarbeiten eignen sich wegen ihres federleichten Gewichts hervorragend als Mitbringsel. Ein Bambusgeflecht bildet die Grundstruktur, auf der Lack Schicht für Schicht aufgetragen und die letzte mit Verzierungen versehen wird. Beliebt sind Lackenten mit Goldbemalung. Einlagen aus *Perlmutt* auf einer Lackunterlage wirken sehr dekorativ. An Badeorten werden

Gekonnt werden hier Papierschirme mit Blumen oder Landschaftsmalereien bunt bemalt. In Bor Sang bei Chiang Mai

Erzeugnisse aus *Muscheln*, Hängelampen, Spiegel- und Bilderrahmen, Boxen verschiedener Größen und Preislagen angeboten, viel Kitsch ist dabei.

Die Herstellung von *Holzschnitzereien*, kleinen und großen Möbelstücken, Bars, Tierfiguren – vor allem Elefanten in jeder Größe – und Gebrauchsgegenständen ist in der Provinz *Chiang Mai* beheimatet. *Rattan-* und *Korbmöbel* für Haus und Garten sind begehrte Artikel. Eigene Fabrikations- und Verkaufsstätten übernehmen den Versand. Das thailändische Kunsthandwerk wird von der Stiftung *Support*, Abkürzung für Supplementary Occupation and Related Techniques, gefördert. Sie wurde 1976 von Königin Sirikit gegründet, um der ländlichen Bevölkerung einen Nebenerwerb zu ermöglichen und handwerkliche Traditionen zu bewahren.

Die größte Auswahl an *Antiquitäten* findet sich in den oberen Stockwerken des *Einkaufszentrums River City*. Es ist der bedeutendste Kunst- und Antiquitätenmarkt in Bangkok. Regelmäßig werden hier Auktionen veranstaltet. Wirklich alte Kunstgegenstände dürfen nur mit Genehmigung des Amtes für Schöne Künste, Fine Arts Department, ausgeführt werden. Fachgeschäfte besorgen die notwendigen Dokumente. Bildnisse Buddhas dürfen nicht exportiert werden.

Drachen, Feuerwerk und Masken

Die Thais feiern gern. Ihre Feste und religiösen Feiertage sind monumentale und phantasievolle Zeremonien

Die religiösen Feiertage *Makha Puja, Visakha Puja, Pflugzeremonie* (Bangkok) und *Asanha Puja* sind ebenso wie die folgenden offiziellen Feiertage Ruhetage.

OFFIZIELLE FEIERTAGE

1. Januar *Neujahrstag*
6. April *Chakri-Tag.* Erinnerung an die Thronbesteigung Rama I., des Gründers der heute noch herrschenden Chakri-Dynastie
1. Mai *Tag der Arbeit*
12. August *Geburtstag der Königin*
23. Oktober *Todestag Rama V., König Chulalongkorns,* der 1910 starb
5. Dezember *Geburtstag des Königs*
10. Dezember *Verfassungstag*
31. Dezember *Jahreswechsel*

RELIGIÖSE FEIERTAGE UND FESTE

Sie richten sich nach dem Mondkalender und sind deshalb bewegliche Feiertage.

Romantik in der Abenddämmerung. Die vielen riesigen Boote aus Bananenblättern gleiten den Fluß hinab

Makha Puja
Gedenken der Predigt Buddhas vor 1250 Schülern, im Februar am dritten Vollmondtag des dritten Lunearmonats, mit Kerzenprozessionen um die Hauptkapelle.

Songkran
★ Beginn des buddhistischen Jahres Mitte April. Bildnisse Buddhas und ältere Familienmitglieder werden benetzt. Das fröhlichste Fest des Jahres. Ausgelassene Jugendliche bespritzen sich gegenseitig und andere Passanten. Ausländer werden von dieser Planscherei nicht verschont. An diesen Tagen sollte man nicht die beste Kleidung tragen.

Pflugzeremonie
Sie symbolisiert den Beginn der Feldbestellung und wird im Mai auf dem Phramane-Platz in Bangkok vorgenommen. Der Zeitpunkt wird astrologisch bestimmt.

Visakha Puja
An diesem heiligsten Fest des Jahres im Mai, der auf den Voll-

mondtag des 6. lunearen Monats fällt, gedenken die Thais der Geburt Buddhas, seiner Erleuchtung und seines Eingehens in das Nirwana.

Asanha Puja

Der Festtag zur Erinnerung an Buddhas erste Predigt vor fünf treuen Jüngern wird am Vollmondtag des 8. Lunearmonats im Juli oder August gefeiert. Er leitet das dreimonatige Fasten, *Khao Pansa,* während der Regenzeit ein. Junge Männer treten vorübergehend ins Kloster ein.

Tod Kathin

Fest des fröhlichen Spendens im Oktober am Ende der Fastenzeit. An diesem Tag werden Mönche mit Kathin-Gewändern, neuen Roben und anderen Gaben beschenkt. Thais erwerben sich durch Großzügigkeit Verdienste für das gegenwärtige Leben und die Wiedergeburt.

Loi Krathong

★ Wasser- und Lichterfest im November in der Vollmondnacht des 12. Lunearmonats, das schönste Fest in Thailand. Überall im Lande werden am Abend eine Vielzahl von Krathongs aus Bananenblättern, bestückt mit Kerzen, Räucherstäbchen und oft mit einem Geldstück versehen, auf dem Wasser ausgesetzt und mit den Sorgen auf die Reise geschickt. Ein großes Feuerwerk über dem Chao-Phraya-Fluß beendet in Bangkok diese einzigartige Festlichkeit.

Chinesisches Neujahr

Im Februar feiert die chinesische Gemeinde ihr Neujahrsfest. Ihre Geschäfte sind zumindest für einen Tag geschlossen.

FESTIVAL UND LOKALE VERANSTALTUNGEN

Drachen- und Löwenparade

Eine zweiwöchige Festlichkeit chinesischen Stils in Nakhon Sawan. Zu Ehren einer goldenen Drachengottheit werden im Februar Drachen- und Löwentänze aufgeführt.

MARCO POLO TIPS FÜR FESTE

1 Songkran
Das thailändische Neujahrsfest mit Tempelzeremonien und Wasserschlachten (Seite 31)

2 Papierdrachenfest
Prachtvolle Drachenwettkämpfe auf dem Sanam Luang in Bangkok (Seite 33)

3 Raketenfest
Phantastisches Feuerwerk mit lokal gefertigten, teils haushohen Raketen in Yasothon (Seite 33)

4 Loi Krathong
Thailands schönstes Fest. Traditionelle Krathongs, Blätterschiffchen, werden mit Lichtern auf dem Wasser ausgesetzt (Seite 32)

5 Elefantenauftrieb
Parade der Dickhäuter in Surin (Seite 33)

Viele Gläubige versammeln sich, um zur Verehrung Buddhas zu beten. Auch in der Großstadt werden die Feste noch traditionell begangen

Papierdrachenwettkämpfe

★ Von Ende Februar bis April ist der Königspalast Sanam Luang in Bangkok zur Zeit der Nachmittagsbrise Schauplatz spannender Wettbewerbe im Drachensteigen. Am Himmel tragen bunte männliche und weibliche Drachen spielerisch ihre Kämpfe aus. Währenddessen schließen die Zuschauer eifrig Wetten ab.

Singtaubenfest

Anfang März finden sich zahlreiche Taubenzüchter aus Thailand und den umliegenden Ländern im Suan Kwan Park in Yala ein, um an einem Wettgurren ihrer Vögel in den Stimmlagen Sopran, Alt und Baß teilzunehmen. Dieses ungewöhnliche Fest ist sehr beliebt. Attraktive Preise werden vergeben.

Raketenfest

★ Im Mai, gegen Ende der Trockenzeit, werden in Yasothon, Nordostthailand, lokal gefertigte Feuerwerkskörper präsentiert und gezündet. Der Krach und Lärm soll die Regengeister wecken.

Kerzenfest

Anfang Juli werden in Ubon Ratchathani, kunstvoll gearbeitete Kerzen, in Prozessionen zum Tempel getragen.

Wachstempelfest

Im September oder Oktober ziehen Bewohner Sakhon Nakons mit Tempelminiaturen aus Bienenwachs durch die Straßen.

Wasserbüffelrennen

Diese Veranstaltung in Chonburi Anfang Oktober ist ein Publikumsmagnet.

Elefantenauftrieb

★ Diese Schau in Surin ist das bekannteste regionale Fest Thailands.

Wenn die Ernte eingebracht ist, kommen eine Reihe von Tempelfesten der Neigung der Thais, »Sanuk«, Spaß zu haben entgegen. Seiden-, Trachten-, Blumen-, Obst- und Früchtefeste mit Wahlen von Schönheitsköniginnen und Bootsrennen werden in verschiedenen Städten veranstaltet, um thai- und ausländische Touristen anzuziehen. Es empfiehlt sich, in den Hotels oder Informationszentren nach den Terminen zu fragen.

วัดปรกเจริ

Tempel, Mönche und Hochhäuser

Westliche Großstadtatmosphäre und fernöstliche Tradition liegen hier dicht beieinander

Mit seinem ultramodernen Flughafen ist Bangkok, eine der großen Metropolen der Welt, Drehscheibe im asiatischen Luftverkehr. Die Stadt ist ein beliebter Tagungsort und Sitz vieler internationaler Gremien und Organisationen. Die totale Aneignung der westlichen Zivilisation mit all ihren Möglichkeiten und Bequemlichkeiten, aber auch den Nachteilen eines lauten und chaotischen Verkehrs und der Beeinträchtigung der Umwelt, hat das Leben und Treiben, Denken und Trachten der Menschen wenig beeinträchtigt. Sie halten an den traditionellen Werten und Gepflogenheiten fest.

Eine große Attraktion: die schwimmenden Händler

Jeden Morgen ziehen Mönche in ihren safrangelben Roben und barfuß mit ihren Almosenschalen durch die Straßen. Diejenigen, welche ihnen den Reis, Früchte und Lotosblüten übergeben, knien vor dem Mönch nieder und erweisen ihm ihre

Hotel- und Restaurantpreise

Hotels

Kategorie 1: über 200 DM
Kategorie 2: 50 bis 200 DM
Kategorie 3: bis 50 DM
Die Preise gelten pro Nacht für Zweibettzimmer mit Einzel- oder Doppelbelegung, ohne Frühstück. Der Preisunterschied zwischen Doppel- und Einzelzimmer ist in der Regel nicht groß.

Restaurants

Kategorie 1: über 50 DM
Kategorie 2: 20 bis 50 DM
Kategorie 3: unter 20 DM
Die Preise gelten für ein Menü oder Gericht, das sich der Gast nach eigenem Geschmack zusammenstellt, alkoholfreie Getränke oder Bier und Bedienung inklusive. Eine Weinbestellung erhöht die Kosten.

Ehrerbietung und Dankbarkeit, daß er ihre Gabe angenommen hat. Der Mönch verharrt währenddessen still und zeigt keine Gefühlsregung. Die pulsierende Großstadt mit sieben Millionen Einwohnern und einem jährlichen Wachstum von fünf Prozent erlebt einen Bauboom sondergleichen. Wohn-, Büro- und Hoteltürme schießen wie Pilze aus der Erde, planlos, wie es scheint, und verändern das Stadtbild total. Dabei entwickeln die Architekten eine der thailändischen Mentalität entsprechende Phantasie. Ein Viertel der tausend Hochbauten, deren Zahl sich in kurzer Zeit verdoppelt, sind Objekte mit Luxusmietwohnungen in beachtlich hoher Preislage. Nur zwei Drittel der Bevölkerung werden mit Leitungswasser versorgt, der Rest muß sich aus Brunnen versorgen.

Für die eine Million Autos, die täglich in die Stadt hineinfahren und in ihr verkehren, ist die Straßenfläche weit unter dem internationalen Standard und völlig unzureichend. Dennoch ist es nicht schwer, die Sehenswürdigkeiten zu erreichen. Stadtrundfahrten mit Führungen werden von Veranstaltern in den Hotels angeboten. Wer sich mehr Zeit lassen möchte, kann sich ein Hoteltaxi zum Festpreis mieten oder eines der billigeren öffentlichen Taxis, die es in Hülle und Fülle gibt. Man braucht den Wagen nicht warten zu lassen, es sei denn, man macht eine Pauschale für den halben oder ganzen Tag aus, denn es findet sich leicht ein neues.

Bangkok ist noch eine junge Stadt. Sie wurde erst 1782 von Rama I. als Sitz des Königshauses und der Regierung gegründet. Nach der totalen Zerstörung des glanzvollen Ayuthaya durch die Birmanen 1767 wurde im folgenden Jahr zunächst Thonburi auf der anderen Flußseite vorübergehend Residenzstadt. Vor seiner Gründung als Hauptstadt war Bangkok oder »Dorf der Wildpflaume« eine Fischersiedlung und Versorgungsstelle für Transportschiffe auf dem Weg nach Ayuthaya. Eine chinesische Gemeinde hatte sich auf dem Gelände, auf dem der Große Palast errichtet wurde, niedergelassen. Sie siedelte in das südöstlich angrenzende Gebiet um, das dann Chinatown, Chinesenstadt, genannt wurde und auch heute noch so heißt. Das alte Bangkok, das sich um den Palast entwickelte, wurde von Kanälen, Klongs, durchzogen, auf denen sich der Verkehr abspielte.

»An den Ufern des Menam erhebt sich eine Stadt von Tempeln und Palästen, wie sie in solchem Glanze, in so verschwenderischer Pracht auf dem Erdenrund kaum ihresgleichen findet. Eine starke Mauer schließt diese Stadt gegen das Gewirr von Straßen und Kanälen des asiatischen Venedig ab. Aber sie ist nicht hoch genug, um die zahllosen Türme und Pyramiden, die eigentümlich geschwungenen Dächer und Riesenstatuen zu verbergen, welche in den Strahlen der heißen tropischen Sonne glitzern und leuchten und das Auge des verwirrten, entzückten Reisenden blenden«, schrieb Ernst von Hesse-Wartegg, ein Forschungsreisender Ende des 19. Jahrhunderts.

Dieses Bild bietet sich auch noch heute im alten Teil Bangkoks unverfälscht.

Erst 1864 wurde die erste Straße, die Neue Straße, Charoen Krung, gebaut, die aus der Stadt hinausführte. Anfang des 20. Jahrhunderts begann man weitere Straßen zu bauen und Klongs zuzuschütten, um den erforderlichen Platz zu schaffen. Viel Charme ging dabei verloren, aber für die rapide wachsende Metropole gab es keine Alternative, den ständig steigenden Verkehr zu bewältigen. Fast 90 % aller Autos des Landes sind in Bangkok registriert. Aber das geschäftige Bangkok ist immer noch die tropische Märchenstadt, wenn man sich die Mühe macht, die zum Teil verborgenen Schätze zu entdecken.
(**C 5/B 7**)

BESICHTIGUNGEN

Goldener Berg

Der zum *Wat Sakhet* außerhalb der Stadtmauer gehörende Goldene Berg ist eine künstliche Aufschüttung, mit einem Chedi, der eine kostbare Reliquie Buddhas enthält. Im November ist ein großes Tuch um den Chedi gespannt, Zeichen eines Volksfestes.

Goldener Buddha

★ Am Rande des bunten, geschäftigen Chinesenviertels und in der Nähe des Hauptbahnhofs liegt der schmucklose *Wat Trimitr (Traimit)*. Er beherbergt in einer einfachen Kapelle den unermeßlich wertvollen, 3,5 m hohen und 5,5 t schweren Goldenen Buddha. Er stammt aus Ayuthaya und entging 1767 den plündern-

MARCO POLO TIPS FÜR BANGKOK UND DEN WESTEN

1 Der Großer Palast
Der von zinnengekrönten, weißen Mauern umgebene Komplex mit dem Königstempel sucht mit seiner phantasievollen Prachtentfaltung seinesgleichen auf der Welt (Seite 38)

2 Goldener Buddha
Im Wat Traimit im Chinesenviertel von Bangkok prangt ein dreieinhalb Meter hohes Bildnis Buddhas aus fünfeinhalb Tonnen Gold (Seite 37)

3 Wat Suthat
Die Wände und Pfeiler im *Wat Suthat* sind mit Fresken aus dem letzten Jahrhundert bemalt, die 1982 bis 1985 mit deutscher Hilfe restauriert wurden (Seite 40)

4 Nakhon Pathom
Das höchste buddhistische Bauwerk der Welt mißt mit Kuppel und Spitzkegel 127 m (Seite 45)

5 Kanchanaburi
Noch erhaltener Teil der »Todesbahn« nach Birma führt hier über die River Kwai-Brücke. Sie wurde von Japanern mit Kriegsgefangenen gebaut (Seite 44)

den Birmanen, weil er vergipst und sein wahrer Wert so nicht zu erkennen war. Er wurde nach Bangkok verfrachtet und fand auch hier zunächst wenig Beachtung. Als er 1956 an seinen endgültigen Platz gehievt werden sollte, riß der Kranhaken und die Figur stürzte zu Boden. Das wahre Material der Statue, pures Gold, kam zum Vorschein. *Charoeon Krung New Road, tgl. 8 bis 17 Uhr, Eintritt 10 Baht*

Der Große Palast

★ Der Blick über die große Rasenfläche des *Sanam Luang*, des »Großen Platzes«, auf die hohe weiße Mauer des Palasts, überragt von in der Sonne glänzenden farbigen Tempeldächern und vergoldeten Türmen, ist atemberaubend. Weitaus eindrucksvoller ist die Aussicht vom Obergeschoß des *Lak Muang*, der kleinen Tempelanlage über dem Grundstein der Stadt am südlichen Ende des Platzes und neben dem Verteidigungsministerium, vor dem alte Kanonen stehen.

Die früheren königlichen Residenzen, der Königstempel und die Regierungsgebäude sind von einer 1900 m langen Mauer umgeben. Durch das Tor an der *Na Phra Lan Road* gelangt man in den äußeren Hof und hat rechter Hand Amtsgebäude und links einen Blick auf die überdachte Mauer, die den *Wat Phra Keo* umgibt, über den malerisch ein vergoldeter Chedi, das Stufendach des Mondop, der Bibliothek, der Dachturm des kreuzförmigen Pantheons und rechts davon das imposante Staffeldach des Tempels des Smaragdenen Buddha herausragen. Vor dem Doppeltor

Das mythische, halbgöttliche Wesen sieht man am Wat Phra Keo in Bangkok als drohenden Bewacher vor dem Treppenaufgang

zum inneren Hof ist die Eintrittskarte zu lösen. Der von einem englischen Architekten 1867 im neoklassizistischen Stil erbaute *Chakri Maha Prasat*, die ehemalige Residenz des Königs, wird noch für Empfänge genutzt. In der zentralen Thronhalle hängen an den Wänden große Gemälde. Sie zeigen, wie Königin Viktoria den Gesandten König Mongkuts, wie Ludwig XIV. im Spiegelsaal von Versailles eine Mission König Narais von Ayuthaya und schließlich wie Napoleon III. eine siamesische Gesandtschaft empfängt. Kernstück des rechten und älteren Gebäudekomplexes *Dusit Maha Prasat* ist der entzückende *Abhorn Phimok Pavillon.* In der Audienzhalle des kreuzförmigen Hauptgebäudes befindet sich ein Perlmutterthron unter einem neunstufigen Schirm, dem Symbol des gekrönten Königs. Dem *Chakri Maha Prasat* schließt sich linkerhand die Gebäudegruppe *Maha Montien* an, die aus der Amarinda Audienzhalle, dem Pasisal Krönungssaal und dem Chakrabadi Biman, der Residenz der Könige Rama I., II. und III. besteht.

Wat Phra Keo, der Königstempel, nimmt die Nordostecke des Palastbezirks ein. Der Bot beherbergt den sogenannten *Emerald Buddha*, das ist der smaragdene Buddha. Dieses heiligste Bildnis Thailands ist nur dreiviertel Meter hoch und sitzt auf einem elf Meter hohen Altar. Es wurde 1464 in Chiang Rai entdeckt und von König Tilok nach Chiang Mai gebracht. Die folgenden Stationen waren Luang Prabang und Vientiane in Laos. 1778 unternahm General Chakri im Auftrag König Taksins eine Strafexpedition nach Laos und brachte den Emerald Buddha nach Thonburi. Als Rama I. den Großen Palast mit dem Wat Phra Keo errichtete, wurde das Bildnis als symbolisches Wahrzeichen des Landes und der Monarchie im Königstempel installiert. Die Wandmalereien stellen rechts vom Altar beginnend die traditionelle Lebensgeschichte Buddhas dar. An der Rückwand wird die mittelalterliche Vorstellung des Universums gezeigt. Das Bronzelöwenpaar zu beiden Seiten des dem König vorbehaltenen Hauptportals ist ein Musterbeispiel ausgereifter Khmerkunst. Rama I. brachte sie von einem Feldzug aus Kambodscha mit. Irisierende Perlmuttereinlagen verzieren die Eingangstüren. Die gesamte Tempelanlage ist von Galerien umgeben, deren Wandmalereien eindrucksvolle Szenen aus dem Nationalepos Ramakien darstellen.

Angemessene Bekleidung ist bei der Besichtigung des Palastes und Tempels erforderlich. Damen, die Hosen tragen, und Herren mit Shorts müssen damit rechnen, abgewiesen zu werden.

Großer Palast und What Phra Keo, *Na Phra Lan Road, tgl. 8.30 bis 15.30 Uhr, Eintritt 120 Baht, schließt Besuch des Wimanmek Teakpalasts ein*

Khamthieng Haus – Siam Society

An der Asoke Straße, Soi 21, Sukhumvit, hat in dem Haus 131 die Siam Gesellschaft ihren Sitz. Für den, der länger in Thailand bleibt, lohnt es sich, deren Aktivitäten zu verfolgen. Die Gesellschaft veranstaltet nämlich mehrtägige Bildungsreisen unter sachkundiger Führung. Auf dem Grundstück steht ein großes traditionelles Thai-Haus aus Teak. Es stammt aus dem Norden. Unter dem Gebäude ist bäuerliches Gerät ausgestellt. *131 Asoke Road, Soi 21, Di–Fr 9–17 Uhr, Eintritt 10 Baht*

Marmortempel

Als besonders gelungenes Beispiel moderner thailändischer Tempelarchitektur kann das *Wat Benchamabophit* gelten, auch als Marmortempel bekannt. Dieses elegante Bauwerk wurde 1899 bis 1910 aus weißem italienischem Carrara Marmor errichtet. Die dreistufigen Satteldächer sind mit glasierten orangefarbenen Ziegeln bedeckt. Das Giebelgebälk ist reichlich verziert, und die goldfarbenen Dachsparren sind schön geformt. Die Statue im Bot ist eine Nachbildung des *Buddha Jinaraj in Phitsanulok.*

In den Galerien des Kreuzgangs sind Originale und Kopien von Darstellungen Buddhas verschiedener Stilrichtungen und Epochen aufgestellt. *Si-Ayuthaya-Road, tgl. 8–17 Uhr.*

Jim Thompsons Thai-Häuser

Nur eine kurze Distanz vom Nationalstadion entfernt führt auf der gegenüberliegenden Seite die Gasse Soi Kasemsan 2 zum Klong San Saep und den traditionellen Thai-Häusern von Jim Thompson. Ihm ist in erster Linie das Wiederaufleben der Herstellung und Verarbeitung der Thaiseide zu verdanken. 1967 verschwand er auf mysteriöse Weise in Malaysia. Thompson gründete die *Thai Silk Company*. Seine Thai-Häuser stehen zur Besichtigung frei. *Rama I. Road, Soi Kasemsan II, Mo bis Fr 9–16.30 Uhr, Eintritt 100 Baht*

Schlangenfarm

Sehr zentral, gegenüber Montien Hotel, liegt die 1923 gegründete, zweitälteste Schlangenfarm der Welt. Demonstration der Giftentnahme *11 Uhr, Mo–Fr auch 14.30 Uhr. Red Cross Society, Rama IV Road, Mo–Fr 8.30–16.30 Uhr, Sa und So bis 12 Uhr. Eintritt 70 Baht*

Wat Arun

Das Wahrzeichen Bangkoks, der Tempel der Morgenröte, ist mit der Flußfähre von der Anlegestelle Tha Thien am Wat Po zu erreichen. Der zentrale schlanke Tempelturm Prang erhebt sich von einer dreistufigen Terrasse zu einer Höhe von 86 Metern. Von der oberen Terrasse haben Sie einen wunderbaren Blick. *Arun Amarin Road, Westufer Menam*

Wat Po

Die *Thai Wang Road* trennt den Großen Palast von der Anlage des *Wat Chetuphon*. Es wurde 1793 von Rama I. an dem Platz errichtet, wo sich das frühere Kloster *Wat Potharam* befand. Von diesem Namen ist die geläufige Kurzform Wat Po abgeleitet. Das zentrale Heiligtum ist von einer doppelten, nach außen geschlossenen Galerie mit 394 Buddhas umgeben. Die Türen im Bot sind mit Perlmutt eingelegt. In diesen Meisterwerken sind die künstlerischen Möglichkeiten der Lichtharmonie voll ausgeschöpft. Zu den dämonenartigen Torwächtern zählen einige mit Zylinder, früher das Merkmal der Europäer. Hauptattraktion des Wat Po ist der in einem eigenen Gebäude untergebrachte Liegende Buddha mit einer Länge von 45 m und Höhe von 12 m. Seine Fußsohlen sind mit quadratisch angeordneten Perlmutteinlagen versehen. *Chetuphon Road, tgl. 8 bis 17 Uhr, Eintritt 10 Baht*

Wat Suthat

★ Der Tempel des Indra-Himmels, Wat Suthat, ist wegen seiner Wandmalereien berühmt. Der prachtvolle Wihan ist direkt vom Platz mit der Schaukel aus zu erreichen. Der 80 m lange Bot liegt weiter zurück. Die Fresken an den Innenwänden des Wihan und den acht Tragepfeilern auf einer Fläche von 2585 qm stellen die größte Wandmalerei Thailands dar. Sie stammen aus der Regierungszeit Rama III. (1824–51) und sind von 1982 bis 1985 mit deutscher Kulturhilfe restauriert worden. *Bamrung Muang Road, tgl. 9 bis 17 Uhr*

MUSEUM

Nationalmuseum

Die Nordseite des *Sanam-Luang-Platzes* wird vom modernen Auditorium der Thammasat Universität, dem Nationalmuseum und Nationaltheater begrenzt. Das Museum ist in seinem zentralen Teil eine ehemalige Palastanlage, zu dem als erstes Gebäude das *Wat Buddhaisawan*, ein schönes Beispiel thailändischer Tempelarchitektur, gehört. Zu dem alten Teil des Museums gehören: 1. Galerie thailändischer Geschichte, 2. Vorgeschichte, 3. Buddhaisawan Kapelle, 4. Ausstellungshalle, 5. Schatzkammer und die Abteilungen 6. Trag- und Elefantensessel, 7. Spielfiguren, 8. Keramik und Perlmuttergegenstände, 9. Elfenbein, 10. Waffen, 11. Königliche Insignien, 12. Steininschriften, 13. Holzplastiken, 14. geistliche Gewänder und Gegenstände, 15. Musikinstrumente, 16. Möbel, 17. Königliche Leichenwagen, 18.–22. Rotes Haus und Pavillons als Zeugnisse thailändischer Baukunst. In neueren Gebäuden an der Südseite sind kunstgeschichtliche Abteilungen untergebracht: S 1 Asien (S 2 Büro), 3 und 5 Lopburi, 4 Hindu Gottheiten, 6 und 7 Dvaravati, 8 Java, 9 Srivijaya und auf der Nordseite N 1 Bangkok, 2 Kleinkunst, 3 Geldstücke, 4 Buddha-Bildnisse, 5 und 6 Lanna Kunst, 7 und 8 Sukhothai, 9 und 10 Ayuthaya.

Dann sollte man sich die kunstgeschichtlichen Ausstellungen im Nord- und Südflügel anschauen. Auch die prähistorischen Funde von Ban Chiang und der Provinz Kanchanaburi in der Sivamokkhapiman-Halle gleich links vom Eingang sind aufschlußreich. *Sanam-Luang-Platz, Mo bis So 9–16 Uhr. Führungen in deutscher Sprache jeweils am Donnerstag 9.30 Uhr. Treffpunkt Kartenverkauf. Eintritt 20 Baht*

RESTAURANTS

Bangkok hat eine hohe Dichte an guten, von 11 bis 23 Uhr geöffneten Speiselokalen. Thais sind keine späten Esser.

Bussaracum

Gute Thai Küche. *35 Soi Pipat 2, Silom, Convent Road, Kategorie 2*

Cabbages & Condoms

Originell und gut, *10 Sukhumvit Soi 12, Kategorie 3*

Rim Nam

Am Menam, dem Oriental Hotel gegenüber, Transfer kostenlos, sehr gepflegt, *Kategorie 1*

Savoey Seafood

Im River City, dem Kunst- und Antiquitätenmarkt. Terrassenlokal am Menam. Fischrestaurant. Am Abend nette Atmosphäre. *23 Yodha Road, Kategorie 2*

Sea Food Market

Große Auswahl, reger Betrieb. Fisch wird nach Wunsch zubereitet. *89 Sukhumvit Soi 24 (Kasame), Klongtoey, Kategorie 2*

Tamnak Thai

Riesiges Gartenrestaurant. Bedienung kommt auf Rollschuhen angefahren. *131 Ratchadapisek Road, Kategorie 2*

Whole Earth

Vegetarische Spezialitäten, *Soi Langsuan, Ploenchit, Kategorie 2*

EINKAUFEN

Die Einkaufsmöglichkeiten in Kaufhäusern und Einkaufszentren brauchen den Vergleich mit europäischen Großstädten nicht zu scheuen. Dann gibt es Märkte mit interessanten Angeboten.

Chinatown

Das Chinesenviertel liegt zwischen den beiden großen Straßen *Yaowaraj* und *Chareon Krung (Neue Straße)*. Das Viertel war früher das kommerzielle Herz der Hauptstadt und ist immer noch ökonomisch bedeutend. Hier ist alles zu haben, vorausgesetzt, man findet die Verkaufsstätten in dem Gewirr der Gassen. Gern wird hier Gold gekauft und, wenn Not am Mann ist, auch verkauft. Goldläden liegen an der Hauptstraße *Yaowaraj*.

Diebesmarkt

Mitten im Chinesenviertel liegt *Nakorn Kasem*, ein kleiner Bezirk, dem aus unerfindlichen Gründen der Name »Diebesmarkt« anhaftet. Wer jedoch glaubt, er könne hier gestohlene Habseligkeiten kaufen oder zurückkaufen, wird enttäuscht, denn hier gibt es überwiegend Installationszubehör und andere unromantische Dinge zu kaufen.

Oriental Place

In einem ehemaligen Lagerhaus am *Oriental Hotel* werden Souvenirs, Kunstgegenstände und Produkte aus dem Förderungsprogramm *Support* für thailändisches Kunsthandwerk angeboten. *30/1 Soi Charoen Krung 38 Bangkok 10500*

Pratunam-Markt

An der Kreuzung *Phetchaburi Road* und *Rachaprarop Road* befindet sich ein Textilmarkt für Billigeinkäufe. Es muß gehandelt werden.

River City

Der Komplex am Menam ist der bedeutendste Kunst- und Antiquitätenmarkt. Am ersten Sonntag eines jeden Monats wird eine Auktion veranstaltet. Die große Halle unten dient Verkaufsmessen und Ausstellungen. *23 Rongnamkhaeng Lane, neben Royal Orchid Sheraton Hotel*

Wochenendmarkt

Im *Chatuchak Park* findet samstags und sonntags ein interessanter Markt statt. Dann pilgern Scharen von Schau- und Kauflustigen zum *Talat Chatuchak* im Norden der Stadt. Hier ist alles Erdenkliche zu finden: Bücher aus zweiter Hand, aber

Längster Städtename

Bangkok, der international gebräuchliche, ist nicht der offizielle Name der Hauptstadt Thailands. Für die Thais heißt sie in der Kurzform K r u n g t h e p, »Stadt der Engel«. Die vollständige Bezeichnung ist der längste Städtename der Welt: Krungthep Mahanakhon Bovorn Ratankosin Mahintharayatthaya Mahadilok pop Noparatratchathani Burirom Udomratchanivetmahasathan Amornpiman Avatarnsathit Sakkathattiyavishnukarmprasit.

auch Neuausgaben zu ermäßigten Preisen, Textilien, Antiquitäten, Nahrungsmittel, Pflanzen und Tiere. Der Ausbau dieses Marktes mit festen Überdachungen hat ihm einiges von seinem früheren Charme genommen.

HOTELS

Bangkok verfügt über eine Reihe von Luxushotels, und es kommen ständig neue hinzu. Eine angemessene Bleibe in der unteren Preisklasse zu finden, ist nicht so leicht. Es bieten sich aber Gästehäuser an.

Arnoma Swissotel
Gegenüber World Trade Center, 403 Zi. *99 Rajdamri Road, Bkk 10330, Tel. 255 34 11, Fax 255 34 56, Kategorie 1*

City Inn
Klein und gemütlich, 30 Zi. *888/37–39, Ploenchit Road, Bkk 10330, Tel. 252 15 52, Fax 253 31 90, Kategorie 3*

First
Citylage, annehmbar, 220 Zi. *2 Petchburi Road, Tel. 255 01 11, Fax 255 01 21, Kategorie 3*

Hilton International
In einem 3 ha großen, tropischen Garten, 380 Zi. *2 Wireless Road, Bkk 10330, Tel. 253 01 23, Fax 253 65 09,* Büro der Lufthansa im Nebengebäude. *Kategorie 1*

Imperial
Klassehotel mit besten Restaurants, 370 Zi. *6–10 Wireless Road, Bkk 10330, Tel. 254 00 23, Fax 253 31 90, Kategorie 1*

Mansion Kempinski
Tophotel in ruhiger Lage, 127 Zi. *75/23 Sukhumvit Soi 11 Bangkok 10110, Tel. 255 72 00, Fax 253 23 29, Kategorie 1*

Marriott Royal Garden Riverside
Großzügiger, sehr schöner Komplex am Westufer des Menam, 428 Zi. *257/1–3 Charoen Nakorn Road, Bkk 10600, Tel. 476 00 21, Fax 46 01 18 05, Kategorie 1–2*

Oriental
★ Weltbestes Hotel mit Tradition, 393 Zi. *48 Oriental Avenue, Bkk 10500, Tel. 236 04 00, Fax 236 19 39, Kategorie 1*

Royal
Mittelklasse, in Palastnähe, 306 Zi. *2 Rajdamnoen Avenue, Bkk 10200, Tel. 222 91 11, Fax 224 20 83, Kategorie 3*

Royal Orchid Sheraton
Neben River City Zentrum, schöner Ausblick auf den Fluß, 853 Zi. *2 Captain Bush Lane, Bkk 10500, Tel. 234 55 99, Fax 236 85 79, Kategorie 1*

Shangri-La
Attraktive Flußlage unterhalb Oriental, 697 Zi. *89 Soi Wat Suan Plu, Bkk 10500, Tel. 236 67 77, Fax 236 85 79, Kategorie 1*

Siam Inter-Continental
Umgeben von 9 ha Park, zentral, 400 Zi. *967 Rama I Road, Bkk 10330, Tel. 253 03 55, Fax 253 22 75, Kategorie 2*

AM ABEND

Fast ein Muß, eine Veranstaltung mit klassischem Tanz und Thai-Essen zu besuchen:

Baan Thai
7 Sukhumvit, Soi 32

Chao Phya Paradise
451/3 Arun-Amarin Road, Thonburi

Indra Regent
120/126 Rajaprarop, Phyathai Road

Silom Village
286 Silom Road, Trade Centre, Platzreservierung Tel. 234 45 81

Wer am Abend Zerstreuung sucht, begibt sich nach Patpong, der Verbindung zwischen Silom und Surawong Road, Schauplatz des Nachtmarkts und Zentrum des nächtlichen Vergnügens. In den Go-Go-Bars *Camelot Castle und King's Corner* tanzen junge Mädchen zu lauter Rockmusik. *Pussy Galor, Queen's Castle* und *The Pink Panther* zeigen aufreizende erotische Shows, *King's Paradise* erst ab Mitternacht.

MODERNE DISKOS

Tanzpaläste von gigantischer Größe sorgen für die Unterhaltung der jüngeren Generation.

Nasa Spacedrome
999 Ramkhamhaeng Road

Palace
Vipawadi Rangsit Road

Super Star
Patpong, Eintritt 100 Baht

THAI BOXEN

Kämpfe mit Fäusten, Ellbogen, Knien und Beinen, je fünf Runden zu drei Minuten. Diese typische, beliebte Sportart kann man an zwei Stätten ab 18 Uhr miterleben.
Rajdamnoen Stadion, Rajdamnoen Avenue, Mo, Mi, Do Lumpini Stadion, Rama IV. Straße, Di, Fr, Sa, So Eintritt 160 bis 640 Baht

AUSKUNFT

TAT Informationsbüro
Tourism Authority of Thailand, 372 Bamrung Muang Road, Bkk 10100, Tel. 226 00 60, Fax 224 62 21

ZIELE IN DER UMGEBUNG

Ancient City **(C 5)**
Freilichtmuseum in Samut Prakan, 36 km südöstlich von Bangkok. Hier ist eine Miniaturausgabe Thailands auf 80 ha Fläche zu sehen. Nachbildungen der bedeutendsten Bauwerke des Landes.

Bang Sai Volkskunstzentrum **(C 5)**
Etwa 34 km nördlich von Bangkok liegt rechts am Fluß das *Support Zentrum* mit den Fertigungsstätten thailändischen Kunsthandwerks, die unter königlicher Schirmherrschaft stehen. Einkaufsmöglichkeiten sind besonders für die günstig, die nicht so gern handeln.

Kanchanaburi **(C 5/B 7)**
★ Die Hauptstadt der westlichen Provinz ist 126 km von Bangkok entfernt und bequem mit dem Bus oder der Bahn zu erreichen.

Kanchanaburi ist wegen seiner *Brücke am Kwai*, des Romans von Pierre Boulle und der Verfilmung des Stoffes weltbekannt. Während des Zweiten Weltkriegs haben die Japaner durch unzugängliches Gebiet eine

Bahnlinie bis nach Birma hinein gebaut, 304 km auf thailändischem und 115 km auf birmanischem Territorium. Die militärisch wichtige Strecke wurde am 23. Oktober 1943 in der Rekordzeit von nur einem Jahr fertiggestellt. 60 000 Zwangsarbeiter und Kriegsgefangene waren an dem schwierigen Unternehmen beteiligt, mußten harte Strapazen auf sich nehmen und große Opfer bringen. Die Kriegsgräber legen davon Zeugnis ab. Die Bahn überquerte den *Kwai-Yai*-Fluß bei Kanchanaburi und verlief am *Kwai Noi* entlang, dann über den Drei Pagoden Paß nach Birma.

Im Jahre 1947 übernahm die Staatsbahn Thailands die Linie, legte aus betrieblichen und wirtschaftlichen Gründen freilich den größten Teil still und baute die verbliebenen 130 km bis zur Endstation *Nam Tok* aus. Die berühmte Brücke über den Kwai war zunächst eine Behelfskonstruktion, welche dann durch eine Stahlbrücke ersetzt wurde. Teile der alten Konstruktion sind noch in der gegenwärtigen Brücke enthalten.

Die Bahnfahrt nach *Nam Tok* ist eine der interessantesten in Thailand. Ein Nervenkitzel ist die langsame Passage auf einem Holzviadukt hoch über dem Fluß an einer Felswand entlang. *Hotel River Kwai, 284/3 Saeng Chuto Road, Tel. (0 34) 51 11 84, Fax 51 12 89, Kategorie 2, 127 Zimmer*

Krokodilfarm **(C 5)**
Nahe der Menammündung, 30 km südöstlich von Bangkok, befindet sich in *Samut Prakarn* die größte Krokodilfarm der Welt. *Tel. 3 95 04 77, tgl. 7–18 Uhr, Eintritt 120 Baht*

Nakhon Pathom **(C 5/B 7)**
★ 56 km westlich von Bangkok, 45 000 Einwohner und Universitätsstadt, ist eine alte Siedlung, über die der Buddhismus vermutlich schon vor unserer Zeitrechnung Eingang in Südostasien gefunden hat. Damals war der Ort noch ein Hafen an der Küste. Mit dem gewaltigen, 127 m hohen *Chedi Phra Pathom* steht dort das höchste buddhistische Bauwerk der Welt.

Rosengarten **(C 5)**
Auf dem Rückweg ist ein Halt am »Rose Garden«, 32 km westlich der Hauptstadt, möglich und üblich. Jeden Tag wird den Besuchern gegen 170 Baht Eintritt ein Kulturspektakel geboten mit abwechslungsreichem Programm, das einen Einblick in den thailändischen Kulturkreis ermöglichen soll. Am Ende werden die Zuschauer ermuntert, aktiv an einem Volkstanz teilzunehmen. *32 km westlich von Bangkok, Eintritt 10 Baht, für das Kulturprogramm ab 15 Uhr zusätzlich 170 Baht*

Schwimmender Markt **(C 5)**
Die schwimmenden Märkte Bangkoks haben ihre Originalität verloren. Nur in *Damnoen Saduak*, dem größten, ist sie noch bewahrt (Foto Seite 34). Die Fahrt von 80 km muß sehr früh angetreten werden, denn die sehenswerten Handelsaktivitäten auf dem Wasser spielen sich am frühen Morgen ab. *Busfahrten ab Southern Bus Terminal in Thonburi, tgl. ab 7 Uhr, Eintritt 25 Baht*

Thailands schönstes Urlaubsgebiet

Tauchen, Segeln, Surfen. Vom Strandtrubel in Pattaya bis zu Dschungelstränden in der Wildnis

Von der Mündung des Menam bis hinunter zur kambodschanischen Grenze erstreckt sich die über 720 km lange Küstenregion, ein bevorzugtes Urlaubs- und Erholungsgebiet. Einige der Badeorte entsprechen mehr dem einheimischen Geschmack. Pattaya dagegen, 153 km von Bangkok entfernt, ist international bekannt und bietet ausländischen Touristen alles, was das Herz begehrt. Das Preisniveau steht dem Bangkoks in nichts nach. Mit steigender Entfernung von der Hauptstadt läßt freilich die touristische Entwicklung nach. Viele Buchten sind noch unberührt und das Wasser ist klarer.

Auf der einer Autobahn ähnlichen und gebührenpflichtigen Schnellstraße bis Pattaya kommt man zügig voran, wenn das Verkehrsaufkommen nicht zu groß ist. An bestimmten Feiertagen, besonders dem chinesischen Neujahrsfest, ist jedoch mit Staus zu rechnen, denn um Chonburi gibt es viele chinesische Grabstätten, die dann von Angehörigen aufgesucht werden. Auch die Rückfahrt am späten Sonntagnachmittag kann nervenaufreibend sein. Klimatisierte Busse verkehren vom *östlichen Busbahnhof an der Sukhumvit-Straße im Halbstundentakt.*

Pattaya: Vor dreißig Jahren noch ein einsamer Fischerort, heute der beliebteste und belebteste Palmenstrand Thailands.

Tiefseehäfen und Industriekomplexe tragen erheblich zur wirtschaftlichen Entwicklung dieser Region bei. Südlich von Pattaya ist der Hauptstützpunkt der thailändischen Marine. Weiter im Osten, in der Gegend um Chanthaburi, wird nach Edelsteinen geschürft. Es ist auch das einzige Gebiet, das während der Kolonialzeit von einer ausländischen Macht kurzfristig besetzt gewesen war. Eine wichtige wirtschaftliche Rolle spielt der Obstanbau. Zahlreiche Inseln sind der Küste vorgelagert, unter ihnen die drittgrößte Thailands, Ko Chang. Weit unten im Südosten läuft das thailändische Territorium in einem schmalen Küstenstreifen aus, der kambodschanisches Gebiet vom Meer trennt.

MARCO POLO TIPS FÜR DIE OSTKÜSTE

1 Chonburi
Die goldeingelegte Riesenstatue Buddhas in ungewöhnlicher europäischer Sitzhaltung im Wat *Tham Nimit* (Seite 48)

2 Ang Sila
Steinmörser für die thailändische Küche (Seite 49)

3 Höllengarten
Grenzenlose Phantasie bei der Darstellung der Qualen, die Sünder erleiden müssen (Seite 49)

4 Pattaya
Mädchen, Männer, Meer, Massagen sind in dieser Reihenfolge die Prioritäten etlicher Besucher. Shows der Transvestiten sind ein Augenschmaus (Seite 50)

5 Jomtien
Ein Surfrevier par excellence und ein gigantisches Hotel, das alle Maßstäbe sprengt (Seite 50)

6 Nong Nooch Village
Orchideenkulturen, Kakteengarten und folkloristische Darbietungen (Seite 52)

7 Chanthaburi
Mekka für Durianfreunde und Edelsteinkäufer (Seite 52)

CHONBURI

(**C 5/C 8**) ★ Vor Chonburi sieht man an der rechten Seite Salzwiesen und Stände, an denen Salz verkauft wird. An der ersten Verkehrsampel stehen Blumenverkäufer bereit, um bei rotem Licht Fahrern und Insassen der haltenden Autos ihre stark duftenden und glückbringenden Jasminketten anzubieten, mit großem Erfolg. Man hängt sie über den Innenspiegel. Chonburi zählt 50 000 Einwohner, davon sind die meisten Handwerker, Händler und Kaufleute. Die Stadt ist 85 km von Bangkok entfernt und eine blühende, aber wenig interessante Mittelstadt mit modernen Betonbauten. Nur die kolossale goldeingelegte Statue Buddhas in europäischer Sitzhaltung, eine ungewöhnliche Position, ist eine außerordentliche Sehenswürdigkeit. Um sie zu besuchen, biegt man von der Hauptstraße nach links in die nach *Phant Nikhon* hinaufführende Straße ein. Schon bald ist auf der linken Seite das Riesenbildnis zu erkennen, welches zum *Wat Tham Nimit* gehört, dem Sitz einer bedeutenden chinesischen Gemeinde. Auf einer Hinweistafel wird die Statue als die größte der Welt bezeichnet. Außerdem ist Chonburi berühmt für seine Austernbänke.

HOTEL

Eastern Hotel
Im Hotelrestaurant Thai und europäische Küche, zentrale Lage, 126 Zi. *888 Sukhumvit Road, Bangplasoi Chonburi 20000, Tel. (0 38) 27 38 00, Fax 27 12 08, Kategorie 3*

ANG SILA – BANG SAEN

(C 5) ★ Wer es nicht so eilig hat, nach Pattaya zu kommen, sollte den landschaftlich schönen Umweg an der Küste entlang von Ang Sila nach Bang Saen nicht scheuen. Einige Kilometer nach Chonburi führt eine Straße nach rechts zum Städtchen Ang Sila. An den Straßen sind Steinmörser zum Verkauf ausgestellt, die hier in Werkstätten aus Felsbrocken gefertigt werden. Der Lärm ist unüberhörbar. Als Reise- oder gar Fluggepäck sind diese Mörser wegen ihres Gewichts kaum geeignet.

Bei der Weiterfahrt kommt man an einem Kloster vorbei, in dem einige der älteren Einzelzellen noch die Form von Booten haben. Es folgt ein Felstempel, an dem es von Affen wimmelt. Schließlich erreicht man den von Palmen bestandenen Strand von Bang Saen, einen bei den Thais sehr beliebten Badeort. Es fällt auf, daß Thais das Strandleben anders genießen als die Besucher aus Übersee. Sie setzen sich nicht mehr als unvermeidlich der Sonne aus. Eine dunkle Hautfarbe gilt nicht als Schönheitsideal.

BESICHTIGUNGEN

Höllengarten

★ Im Tempelkomplex in Bang Saen ist der Höllengarten sehenswert. Mit lebhafter Phantasie sind hier zur Abschreckung die schauerlichen Qualen, die sündhafte Menschen in der Unterwelt zu erleiden haben, drastisch dargestellt.

Meeresaquarium

Das Aquarium des Meeresforschungsinstituts der Srinakarinwirot Universität ist einen Besuch wert. In einem riesigen zentralen und runden Glasbassin sind große und kleine Fische in schillernden Farben hervorragend zu beobachten. *Täglich 9 bis 16 Uhr, Eintritt 20 Baht*

ZIELE IN DER UMGEBUNG

Khao Khieo Zoo (C 5)

In *Bang Phra*, dem nächsten Ort, ist die Abfahrt zum Stausee, Golfplatz und *Khao Khieo Zoo*. Das Reservoir versorgt die Städte Chonburi, Si Racha und Pattaya mit Wasser und ist mit den angrenzenden Sümpfen und Bergen ein 149 qkm großes Naturschutzgebiet. Im Zoo leben die Tiere wenig beengt in natürlicher Umgebung. Eine riesige Voliere bietet den Vögeln ausreichend Bewegungsfreiheit.

Si Racha (C 5)

In dem Städtchen, 24 km von Chonburi entfernt, kann man sich das Vergnügen gönnen, mit einer komfortablen Motorradrikscha zu fahren, die es in dieser Form nur hier gibt, zum Beispiel zum *Felsentempel Ko Loi*. Die Insel ist durch einen Damm mit dem Festland verbunden. Vergessen Sie nicht, den Preis auszuhandeln. Si Racha ist auch wegen seiner pikanten scharfen Soße in ganz Thailand bekannt. Zu probieren im *Si Racha Restaurant*, wo Sie außer einem schönen Ausblick auch Krabben, Krebse, Muscheln und Austern genießen können – die täglich frisch geliefert werden.

PATTAYA

(C5) ★ Von der Fernstraße 3 führen mehrere Abfahrten nach rechts direkt an die Bucht. Am drei Kilometer langen Strand herrscht ein intensives Badeleben, gestört allerdings von motorisierten Wasserfahrzeugen, deren Lenker oft mit gewagten Manövern auf dem Wasser kurven und Schwimmer stören, ja sogar gefährden. Eine belebte Straße mit Einbahnverkehr trennt die Hotels vom Strand. Diese haben große Gärten und Schwimmbäder und werden vom Straßenlärm nicht berührt.

Im südlichen Teil wird der Verkehr nach links geleitet und stellt kein Problem mehr dar. Hier beginnt das sogenannte Dorf, der berühmte *Strip* mit zahllosen Bars, Diskos und Nachtclubs. Diesem Teil verdankt Pattaya seinen zweifelhaften Ruf als bevorzugtes Ziel des Sextourismus. Von den Barmädchen und Prostituierten in Pattaya sollen 20 bis 30 Prozent drogenabhängig sein. Sie nehmen die Anregungsmittel, um ihre Scheu zu überwinden, wenn sie ihre überwiegend ausländischen Kunden bedienen. Diese werden dann oft auch verführt, Drogen zu nehmen.

Durch ein Kap wird die eigentliche Bucht von Pattaya abgeschlossen. Auf der anderen Seite beginnt der lange und im oberen Teil von Hochhäusern begrenzte Strand von ★ *Jomtien* im Süden und das Reich der Surfer. Häufig finden Wettbewerbe mit internationaler Beteiligung statt, auch im Rahmen des einwöchigen Pattaya-Festivals Anfang April.

BESICHTIGUNGEN

Elefantenkral

Knapp 2 km westlich vom Strand kann man nachmittags *um 14.30 und 16.30 Uhr* einer Schau beiwohnen, die verschiedene Aspekte der Arbeitsleistungen der Dickhäuter zeigt. *Eintritt 160 Baht*

Koralleninseln

Die Pattaya vorgelagerte Insel *Ko Lan* ist in 45 Minuten und mit Tragflügelboot in 20 Minuten zu erreichen. Glasbodenboote ermöglichen es, die vorgelagerten Korallenbänke und die bunten tropischen Fische zu studieren. Schnorchler und Taucher können auf die weniger überlaufenen kleineren Inseln ausweichen. *Ko Lin*, weiter im Süden, gilt als ideales Tauchrevier. *Fahrt vom Hauptstrand Pattaya, 100 Baht, mit Mittagessen 250 Baht, tgl. 9 Uhr und Rückkehr 16 Uhr*

Mini Siam

Thailand im Kleinformat in *Naklua* nördlich vom Seebad. Achtzig Modelle bekannter Bauwerke sind im Verhältnis 1:25 dargestellt. *387 Moo 6, Sukhumit Road, tgl. von 7 bis 22 Uhr, Eintritt 200 Baht*

Phra Ramnak Berg

Die Anhöhe über dem Kap mit einem kleinen Tempel zwischen der Pattaya Bucht und dem Strand von Jomtien ist ein exzellenter Aussichtspunkt.

RESTAURANTS

Feinschmecker kommen in Pattaya auf ihre Kosten. Kochspezialisten aus aller Herren Länder sind hier vertreten.

Nangnual
Zwei beliebte Schlemmer-Fischrestaurants. *South Pattaya und Jomtien Beach, Kategorie 2*

Pic Kitchen
Hinter diesem prosaischen Namen verbirgt sich ein Restaurant mit ausgesprochen guter Thai-Küche, zentral gelegen. *Beach Road, Soi 5, Kategorie 2*

Ruantalay **(C 5)**
Liegt romantisch auf einem ins Meer hinausragenden Steg im Fischerdorf *Bang Saray*, 24 km südlich von Pattaya. *Kategorie 2*

Sugar Hut
Speiselokal in einem Thai Haus. *Jomtien Beach, Kategorie 2*

HOTELS

Ambassador City
Komplex mit gigantischen Ausmaßen am Meer, südlich von Pattaya, 2500 Zi. Größtes Hotel Thailands. *21/10 Sukhumvit, Na Jomtien, Tel. (0 38) 23 15 01–40, Fax (66 38) 23 12–7 31, Kategorie 1 und 2*

Cosy Beach
Gemütliches Familienhotel mit hübschem Blick. Neben Royal Cliff, 316 Zi. *400 Pattaya Beach Resort, Tel. (0 38) 42 93 34, Fax 42 18 00, Kategorie 2 und 3*

Dusit Resort
Am Nordende der Bucht, komfortable Unterkunft, 518 Zi. *240/2 Pattaya Beach Road, Tel. (0 38) 42 56 11–7, Fax (0 38) 42 82 39, Kategorie 1*

Royal Cliff Beach Resort
Nobelherberge des Badeorts in hübscher Lage, 520 Zi. *Cliff Road, Tel. (0 38) 42 14 21–30, Fax (0 38) 42 85 11, Kategorie 1*

Siam Bayview
Im Herzen des Seebads an der Promenade gelegen, 270 Zi. *Pattaya Beach, Tel. (0 38) 42 38 71–9, Fax 2 25 31 73, Kategorie 2*

AM ABEND

Palladium
Größte Disko Asiens, auch *Pattaya 2 Road*. Ab 23 Uhr ist was los.

Transvestiten Show
Die Kabaretts *Alcazar* und *Tiffany* an der *Pattaya 2-Road* sind in der Skala des Unterhaltungsangebots Spitze, *19, 20.30 und 22 Uhr.*

Weitere vielfältige Angebote der Unterhaltung und Zerstreuung in Südpattaya liegen im Niveau deutlich niedriger.

Gabe wird zur Plage

Einer Ehefrau König Chulalongkorns wurden Wasserhyazinthen aus Java präsentiert. Die bis dahin unbekannte Wasserpflanze breitete sich vom Palastgarten auf andere Wasserflächen aus und ist heute eine wahre Plage. Sie verstopft zeitweilig Kanäle und kann selbst größeren Booten Probleme bereiten.

AUSKUNFT

TAT Informationsbüro
382/1 Chaihat Road, Tel. (0 38) 42 87 50, Fax 42 91 13

ZIELE IN DER UMGEBUNG

In diesem Abschnitt haben wir die alphabetische Systematik durchbrochen, um Ihnen die Ziele in der Umgebung in der geographischen Folge zu schildern.

Nong Nooch Village **(C 5)**
★ Großer Park südlich von Pattaya mit Häusern im Thai-Stil, Orchideenkulturen, Kakteengarten. Nachmittags folkloristische Vorführungen. *Täglich 10 und 15 Uhr. Eintritt 250 Baht.* Nach den Darbietungen können Zuschauer einer Elefantenschau beiwohnen und auf den Tieren reiten.

Ko Samet **(D 6)**
Die Fernstraße 3 macht unmittelbar vor *Sattahip* einen scharfen Knick nach links. Die Straße geradeaus führt direkt in die Stadt und zum Stützpunkt der thailändischen Flotte. 64 km nach Sattahip zweigt eine Nebenstraße nach rechts zum Fischereihafen *Ban Pae* ab. Ban Pae ist der Ausgangspunkt für eine Überfahrt nach Ko Samet. Diese langgestreckte Insel mit feinen Sandstränden an zahlreichen Buchten ist während der Ferien, an Feiertagen und Wochenenden Ausflugsziel für Einheimische und Treffpunkt für die Jugend. Neben einfachen Hüttendörfern sorgen Bungalowanlagen für gehobene Ansprüche für die Unterkunft. *Die Überfahrt dauert etwa 45 Minuten. Tgl. zwischen 8 und 18 Uhr. 20 Baht*

Nationalpark Khao Wong **(D 5)**
Von Ban Pae ist als Alternative zur Fernstraße 3 die zwar etwas weitere, aber landschaftlich viel schönere Küstenstraße zu empfehlen. Am Kap Lae Pim wendet sich diese Straße vom Meer ab und setzt sich in nördlicher Richtung bis zur Sukhumvit fort. Am Wege in einem Park steht das *Denkmal* des bekannten Dichters *Sunthorn Phu* (1786 bis 1855).

Wer sich für *Tropfsteinhöhlen* interessiert, sollte im Dorf *Ban Kong* bei km 286 die Hauptstraße in Richtung Norden verlassen und den *Nationalpark Khao Wong* besuchen. In den 12 km entfernten Dolomitfelsen finden sich an die 80 Höhlen, von denen viele großartige Tropfsteingebilde enthalten, allen voran *Tham Lakhon*, die Theatergrotte, und *Tham Phet*, die Diamantengrotte. Es ist ratsam, sich bei den Erkundungen eines Führers zu bedienen.

Chanthaburi **(D 6)**
★ Die wohlhabende Provinzhauptstadt mit 32 000 Einwohnern liegt 318 km von Bangkok entfernt. Sie ist umgeben von Kautschuk-, Obst-, Kokos- und Pfefferplantagen und Edelsteinminen, in denen noch mit traditionellen, aber auch modernen Methoden gearbeitet wird. In der Stadt kann man dann Edelsteinschleifern bei ihrer Arbeit zuschauen.

Zur Zeit der Durianernte pilgern Scharen nach Chanthaburi, um diese große stachlige, übelriechende, aber begehrte Frucht, die abschätzig auch als Stinkfrucht bezeichnet wird, zu kaufen. Zur Erntezeit von April bis August wird sie auch auf den Märkten anderer Städte angeboten. Um die Stände zu finden, braucht man sich nur nach der Nase zu richten. Liebhaber scheuen den Weg nach Chanthaburi nicht, wählen die schmackhaftesten aus und schätzen das gelbe Fruchtfleisch als unübertroffene Delikatesse. Beim Genuß geraten sie ins Schwärmen. Andere, die diesen Geschmack nicht teilen, verabscheuen diese Frucht. Für sie ist die deutsche Bezeichnung »Käseobst«, und zwar im negativen Sinne, zutreffend. Hotels gestatten es nicht, daß Duriane aufs Zimmer mitgenommen werden.

Der Anteil der Christen an der Bevölkerung in Thailand ist sehr gering. In Chanthaburi ist er relativ hoch. Von der Bedeutung der christlichen Gemeinde zeugt die große Kirche.

Chanthaburi ist das einzige Gebiet Thailands, das teilweise und nur vorübergehend von 1893 bis 1904 von einer Kolonialmacht, den Franzosen, besetzt war. Daran erinnern noch zwei von ihnen errichtete Gebäude in der kleinen Hafen- und Fischersiedlung Pak Nam am linken Ufer der Mündung des Chanthaburi-Flusses, ein Administrations- und ein kleines ehemaliges Gefängnisgebäude.

Pak Nam und Ko Proet (D 6)

Für Pak Nam und die durch eine Brücke mit dem Festland verbundene Insel Ko Proet sind der Fang und die Verarbeitung, das Trocknen von Garnelen der Haupterwerbszweig. Am Küstenstrich sind profitable Garnelenfarmen angelegt. Pak Nam Oasis Sea World widmet sich u.a. der Delphinaufzucht für den Golf von Thailand. *Tgl. von 8–17 Uhr, 40 Baht*

Uthayan Haeng Chat Khao Sabap Nationalpark (D 6)

Im Uthayan Haeng Chat Khao Sabap Nationalpark, 14 km von Chanthaburi entfernt, gibt es einen Wasserfall und daneben ein pyramidenähnliches Monument, das König Chulalongkorn, Rama V., zum Gedenken an seine Frau Sunantha errichten ließ. Sie ertrank im Menam, weil niemand ihr zu Hilfe eilen konnte, denn demjenigen, der ein Mitglied der Königsfamilie berührte, drohte der Tod.

Trat (D 6)

Die Sukhumvit-Straße endet in Trat, das 15 000 Einwohner hat und 415 km von Bangkok entfernt ist.

Laem Ngop (D 6)

Von dem kleinen Hafen Laem Ngop, südöstlich von Trat, lassen sich die große Insel *Ko Chang*, die drittgrößte Thailands, und kleinere Inseln besuchen. *Fährboot ab Laem Ngop*

Ban Hat Lek (D 6)

Ein schmaler, 72 km langer Gebietsstreifen Thailands, 30 km nach Trat, trennt kambodschanisches Territorium vom Meer. Das Fischerdorf Ban Hat Lek ist der letzte Außenposten. Die weite Küste mit feinen unberührten Stränden ist noch wenig erschlossen.

Wo die alten Residenzen standen

Die prachtvollsten Zeugnisse der Geschichte Thailands entdecken Sie in diesem fruchtbaren Reisanbaugebiet

Das weite Flachland nördlich von Bangkok mit seinen ausgedehnten Reisanbaugebieten ist das wirtschaftliche und kulturelle Herzstück Thailands. Seine früheren administrativen Zentren mit noch stolzen Überresten einer glorreichen Vergangenheit sind das Ziel von Besuchern, die sich für Geschichte und Tempelarchitektur interessieren und sich einen eigenen Eindruck von den erhaltenen Zeugnissen vergangener Epochen und baulicher Leistungen verschaffen wollen. Das Königreich Sukhothai, das erste unabhängige Imperium der Thais, hat sich während der zwei Jahrhunderte seines Bestehens von der kulturellen Dominanz der Khmer befreit und eine eigenständige Kultur entwickelt. König Ram Khamhaeng, der bedeutendste Herrscher dieser Periode, er regierte von 1279 bis 1298, verhalf seinem Staat zu dessen größter Blüte und schuf auch das Thai-Alphabet, das er 1283 einführte. Zeugnisse dieser Glanzzeit finden sich auch in Kamphaeng Phet und Si Satchanalai.

Mitte des 14. Jahrhunderts jedoch schwand die Macht Sukhothais zusehends. Es geriet in den Einflußbereich des 1350 gegründeten Ayuthaya. Das Machtzentrum verschob sich nach Süden. Während der Regierungszeit von König Ramathibodi von 1350 bis 1369 erlebte das mächtige Ayuthaya seine erste große Blüte. Das Königreich Chiang Mai konnte allerdings noch seine Unabhängigkeit bewahren. Nach einer vorübergehenden Schwächeperiode und der birmanischen Vorherrschaft stellte König Naresuan 1584 die alten Machtverhältnisse wieder her und nahm 1595 auch Chiang Mai ein. Ayuthaya entfaltete eine märchenhafte Pracht, die die europäischen Metropolen der gleichen Zeit weit in den Schatten stellte. 1767 geschah dann das große Unglück. Ayuthaya wurde von den Birmanen eingenommen und vollständig zerstört. Das Machtzentrum verlagerte

Eine kolossale Buddhafigur sitzt in Wat Mahathat in Sukhothai

sich erneut nach Süden – nach Thonburi und Bangkok.

Mit Ayuthaya erlebte auch die damals zweitbedeutendste Stadt des Reiches, Lopburi, einen Aufschwung, besonders während der Regierungszeit König Narais von 1657 bis 1688. Lopburi ist allerdings nicht wie Ayuthaya eine Neugründung, sondern existierte bereits als wichtige städtische Siedlung im Khmer-Reich unter dem Namen Lovo und wird so in alten Reiseberichten erwähnt. Eine sehr bequeme Art, Ayuthaya zu erreichen, ist die Fahrt mit dem Luxusschiff Oriental Queen vom Oriental Hotel, Abfahrt um 8 Uhr, Buffet an Bord, und dann Besuch der Ruinen. Rückfahrt mit dem Bus mit einem Zwischenaufenthalt in *Bang Pa In*. Die Hinfahrt kann auch mit dem Bus und die Rückfahrt dann am Nachmittag mit dem Schiff erfolgen. Da die Züge der Nord- und auch der Nordostlinie Richtung Chiang Mai und Nong Khai oder Ubon Ratchathani über Ayuthaya fahren, gibt es in den Morgenstunden fünf Verbindungen von Bangkok nach Ayuthaya zwischen halb sieben und halb neun und noch einmal zwischen 16 und 19.30 Uhr in umgekehrter Richtung nach Bangkok. Für die 71 Bahnkilometer werden je nach Art des Zuges weniger oder etwas mehr als anderthalb Stunden benötigt.

Von Bangkoks nördlicher Buszentralstation verkehren Busse in schneller Folge. Auch sie brauchen etwa eineinhalb Stunden. Mit dem Wagen ver-

MARCO POLO TIPS FÜR DIE ZENTRALE EBENE

1 Ayuthaya
Eindrucksvolle Ruinen der 1767 zerstörten Hauptstadt Siams (Seite 57)

2 Lopburi
Lebendiger Ort in dem Bereich einer alten Königsstadt (Seite 59)

3 Phitsanulok
Am Yom-Fluß, regionaler Mittelpunkt. Wat Mahathat beherbergt eine bedeutende Buddha-Statue des Landes (Seite 63)

4 Phra Phuttabat
Wallfahrtsort mit berühmtem Fußabdruck Buddhas (Seite 58)

5 Si Satchanalai
Schöne Tempelruinen. Wat Chang Lom von Elefanten umgeben (Seite 62)

6 Sukhothai
Einstiger Mittelpunkt des ersten Thai-Reiches, Historischer Park (Seite 61)

7 Suphan Buri
Unmengen von Fischen tauchen im Fluß in Schutzzone am Tempel zur Fütterung auf (Seite 59)

8 Teak-Riese
Der Baumgigant nördlich von Si Satchanalai gilt als weltweit zweithöchster Teak-Baum (Seite 63)

läßt man Bangkok auf dem Highway, der Autobahn zum Flughafen, die danach in die Fernstraße 1 mündet. Diese beginnt in Bangkok als Paholyothin Straße und behält diesen Namen bis zum Endpunkt, dem 823 km entfernten Chiang Rai, bei. Bei km 51 gabelt sich der Verkehrsweg. Die gebührenpflichtige Nationalstraße 32 nach links vereinigt sich später wieder mit der Nr. 1. Ihr direkter Verlauf und die Vermeidung von Ortschaften verkürzen die Strecke und Fahrtzeit nach Norden erheblich.

AYUTHAYA

(**C5**) ★ Von Bangkok her erkennt man schon vor der Abzweigung nach Ayuthaya in der Ferne hinter weiten Reisfeldern den Chedi des *Wat Yai Chai Mongkol*. Die Verbindungsstraße führt über die Pridi Thamrong Brücke in und durch die von den Flüssen Chao Phraya und Pasak und einem Kanal, dem Lauf des alten Lopburi Flusses, umflossene, ehemals von Kanälen durchzogene Festung. Die heutige Stadt mit immerhin über 50 000 Einwohnern nimmt nur einen Bruchteil des alten Areals in Anspruch.

Die Zahl der Ruinen in Ayuthaya geht in die Hunderte.

BESICHTIGUNGEN

Wat Chai Wattanaram
Schöne, großzügige, restaurierte, 1630 errichtete Anlage am rechten Ufer des Chao Phraya. Acht vieleckige Türme an den Ecken und Kardinalpunkten umgeben den imposanten Prang, Hauptturm.

Wat Mahathat
Der Ende des 14. Jahrhunderts in zentraler Lage erbaute Tempel hatte einen gewaltigen, fast 50 m hohen Turm. Die noch vorhandene Basis kann eine Vorstellung von der Größe dieses Prangs vermitteln.

Wat Phra Chao Phanam Choeng
Die Straße zum *Wat Yai Chai Mongkol* endet am Fluß Chao Phraya und diesem Tempel. Dicke Säulen tragen das hohe Dach über einem 19 m hohen Buddha, für den der Raum gerade ausreicht.

Wat Phra Ram
Von einem ungleichmäßig gestalteten und von Bäumen gesäumten See umgeben, liegt dieser Tempel im Zentrum. Er zeichnet sich durch einen eleganten Tempelturm aus.

Wat Raja Burana
Der Prang des sich nördlich vom *Wat Mahathat* anschließenden Tempels ist noch recht gut erhalten. Durch seine Umfassungsmauern führen lanzenspitzenförmige Toröffnungen, die auf Fotos einen guten Rahmen für den Prang im Innern abgeben.

Wat Si Sanphet
Der sich dem *Wihan Phra Mongkol Bopit* anschließende Tempel wurde 1448 erbaut und lag innerhalb der Mauern des jetzt völlig zerstörten Königspalastes, der sich mit seinen Nebengebäuden bis an den alten Lopburi Fluß ausdehnte. Von dem glanzvollen Königstempel sind nur noch drei Chedis geblieben, die zu den beliebtesten Fotomotiven Ayuthayas gehören.

Chedis des Wat Si Sanphet mit ihren geringelten Spitzen, die Ehrenschirme symbolisieren

Wihan Phra Mongkol Bopit
Er liegt dem *Wat Phra Ram* schräg gegenüber. Ein moderner Tempelbau, errichtet über einer Bronzestatue Buddhas in Sitzhaltung von riesigen Ausmaßen.

MUSEUM

Nationalmuseum
Im Herzen Ayuthayas liegt das *Chao Sam Phraya Nationalmuseum*, in dem Bildnisse aus Terrakotta, Stein und Bronze ausgestellt sind. Die Stücke im Erdgeschoß vermitteln einen Überblick über die Kunst der über 400 Jahre langen Ayuthaya Periode von 1350 bis 1767. Im Obergeschoß sind Schmuckgegenstände. *Mi bis So 9–16 Uhr, Eintritt 20 Baht*

RESTAURANTS

Ruandrum
Einzigartiges, achtzig Jahre altes Holzhaus am Fluß, auch Jugendherberge, voller Antiquitäten. Schmackhafte Thai-Gerichte. *48 Moo 2, U Thong Road, Kategorie 3*

Ruenpae House
Schwimmendes Restaurant nahe *Pridi Thamrong Brücke*. Blick auf Leben und Treiben auf dem Pasak, *Kategorie 3*

HOTEL

U Thong Inn
Angenehmer Aufenthalt. Noch vor der Brücke über den Pasak. *210 Rojana Road, Ayuthaya 13000, Tel. (0 35) 24 22 36–9, Fax (0 35) 24 22 35, Kategorie 3*

ZIELE IN DER UMGEBUNG

Elefantenkral **(C 4)**
Von der nach Ang Thong führenden Straße in Richtung Norden zweigt nach 2 km rechts ein Weg nach *Phaniat* und dem Elefantenkral ab.

Phra Phuttabat **(C 4)**
★ Dieser Wallfahrtsort, 30 km von Saraburi entfernt an der Paholyothin Straße, ist wegen des Fußabdrucks Buddhas berühmt, den ein elegantes Mondop, ein quadratischer Bau mit pyramidenähnlicher Dachkonstruktion, beherbergt. Das Gebäude gehört zu den besonders eindrucksvollen und sehr typischen architektonischen Leistungen Thailands. Besucher bringen die um das Bauwerk herum aufgehängten Bronzeglocken zum Erklingen. Von den oberhalb am Berghang erbauten Chedis hat man einen wunderschönen Blick auf das Mondop und die umliegende Landschaft.

Saraburi **(C 5)**
Als Zwischenstation auf dem Wege nach Norden und 58 km von Ayuthaya entfernt wird Saraburi von der Fernstraße 1 durchquert. Am Ortsausgang nach der Brücke über den Pasak läßt sich ein kurzer Abstecher nach rechts zu einer Besonderheit moderner Tempelarchitektur machen. Das Dach des neuen Heiligtums in der Pasak Flußschleife ist nicht, wie üblich, mit glasierten Ziegeln gedeckt, sondern mit Bierflaschenhälften!

Suphan Buri **(C 5)**
Über ein Fluß- und Kanalsystem lassen sich von Ayuthaya Ausflüge organisieren. Nach Suphan Buri dauern sie mehrere Stunden. Attraktion dieses Städtchens ist die Riesenstatue Buddhas im *Wat Palelai.*

Und mehr noch außerhalb der Stadt die Fütterung der Fische, Welse, in einer Schutzzone des Flusses Tha Chin vor der Tempelanlage Wat Phanom Choeng. Sie tauchen in quirligen Massen auf, wenn man ihnen Futter zuwirft. Brot und Wasserbananen werden auf dem Ponton angeboten. Im Tempel ist ein schlafender Buddha bemerkenswert. Er liegt vor einem großen sitzenden und ist von Gläubigen über und über mit Goldblättchen bedeckt.

LOPBURI

(C 4) ★ Die Fernstraße 1 stößt 15 km nach Phra Phuddabat auf ein Rondell mit einem Monument König Narais und der Abfahrt nach Lopburi, einer lebendigen Stadt innerhalb der alten Befestigungen, von denen noch Reste vorhanden sind. Die historischen Gebäude und Ruinen sind daher von modernen Geschäftsbauten und gesichtslosen Häusern umgeben.

BESICHTIGUNGEN

Palast König Narais
Hinter dem *Wat Mahathat* befindet sich der weitläufige, befestigte, von vier Wachtürmen an den Ecken geschützte Palast des Königs Narais aus dem 17. Jahrhundert. Die Außenmauer ist mit Zinnen bewehrt. Acht imposante Tore, zwei an jeder Seite, führen in die Höfe mit den Residenzen, Haremsgemächern, Empfangsgebäuden und Elefantenställen.

Phaulkon-Palast
An den Tempel *Wat Sao Thong Thong* grenzen die Ruinen des ehemaligen Palastes des griechischen Abenteurers Konstantin Phaulkon an. Dieser brachte es in der Gunst des Königs so weit, daß er zum Kanzler und neben dem Herrscher zum einflußreichsten Mann des Staates aufstieg. Als sein Gönner und Beschützer im Sterben lag, wurde Konstantin Phaulkon 1688 ermordet. Die Beziehungen, die Narai so sorgsam mit dem Ausland gepflegt hatte, wurden wieder abgebrochen. Thailand blieb für fast zwei Jahrhunderte ein verschlossenes Land.

Prang Sam Yot
Westlich der mitten durch die Stadt führenden Eisenbahnlinie befindet sich das bekannteste Bauwerk der Stadt, der noch recht gut erhaltene, aus Lateritsteinen erbaute »Dreitürmige Tempel«.

San Phra Khan
Auf der anderen Seite der Gleise beschreibt die Straße einen Bogen um die Reste eines alten Tempelturms mit einem neueren Schrein. Er ist von Büschen bewachsen, einem hohen Gitter umgeben und wird von zahllosen dreisten Affen bevölkert.

Wat Phra Si Ratana Mahathat
Dieser Tempel liegt dem Bahnhof gegenüber und hat einen schönen Tempelturm.

Wat Sao Thong Thong
An den *Palast König Narais* schließt sich im Norden ein Tempel an, auf dessen Gelände ein Gebäude früher als Kirche für ausländische Gesandte diente, die zur Zeit König Narais in Lopburi residierten.

MUSEEN

Im Bereich des königlichen Palasts wurden die Pavillons Chanthara Phiram und Wisutthi Winnitchai zu Museen umgewandelt. *Mi–So, Feiertage ausgenommen, von 9–12 und 13–16 Uhr, Eintritt 20 Baht*

RESTAURANTS

Zur Erholung nach einer anstrengenden Besichtigungstour finden Sie preiswerte Speiselokale außerhalb der ummauerten Stadt.

Bua Luang
229/129–132 Narai Maharat Road, Kategorie 3

Mahasarakham 3
226/7–10 Narai Maharat Road, Kategorie 3

HOTELS

Asia
Untere Mittelklasse, aber gute Lage in der Stadtmitte, 111 Zi. *1–7–8 Surasak Road, Tel. (0 36) 41 18 92, Kategorie 3*

Holiday
Außerhalb der Stadt, annehmbar, 114 Zi. *3 Soi Suriyothai 2, Narai Mahathat, Tel. (0 36) 41 13 43, Kategorie 3*

KAMPHAENG PHET

(**C 9**) Das am linken Flußufer des Ping liegende Kamphaeng Phet war eine der drei Hauptstädte des Königreichs Sukhothai. Es ist 243 km von Lopburi entfernt. Bei km 354 zweigt die Nationalstraße 101 von der Paholyothin nach dem nur ein paar Kilometer entfernten Kamphaeng Phet ab. Sie setzt sich dann nach Suhothai und Si Satchanalai, den Schwesterstädten, und weiter gen Norden nach Nan fort. Die Straße überquert den Fluß Ping, biegt scharf nach links in den befestigten Teil der Altstadt, läßt die Ruinen des *Wat Phra That* und *Wat Phra Keo* rechts liegen und verläßt die alte Stadt durch das Tor *Pratu Sapan Kom* in Richtung Sukhothai. Nach wenigen hundert Metern ist links die Abfahrt zu den Tempelruinen von *Wat Singh, Wat Phra Si Iriyabot* und *Wat Chang Rob* angezeigt. Die letzten sind die interessantesten Sehenswürdigkeiten.

BESICHTIGUNGEN

Wat Chang Rop
»Tempel der Elefanten«. Sein Chedi ist noch im hohen quadra-

tischen Unterbau erhalten, der an den Seiten 30 m mißt und aus dem 68 Elefantenvorderteile herausragen.

Wat Phra Si Iriyabot
Der Tempel der »Vier Körperhaltungen« hatte vier Nischen, in denen Buddha-Statuen vier Positionen zeigten. Der aufrechte ist noch in recht guter Verfassung und ein typisches Beispiel für die Stuckskulpturen der Sukhothai-Periode.

MUSEUM

Nationalmuseum
Mitten in der von König Li Thai (1347–1368) erbauten Altstadt liegt ein kleines Museum mit Zeugnissen verschiedener Epochen der thailändischen Kunst und Fundstücken aus früheren Jahrhunderten. *Mi–So, Feiertage ausgenommen, 9–12 und 13 bis 16 Uhr*

RESTAURANTS

Eßlokale finden sich in der modernen Stadt, die sich entlang dem Fluß an den alten Bezirk anschließt und etwa 20 000 Einwohner zählt.

Kitti Pochana
Gute Auswahl. *87 Charoenkrung Road, Kategorie 3*

Si Vachara
Akzeptable Küche. *30/34 Kamphaeng Phet Road, Kategorie 3*

HOTELS

Phet Hotel
Mittelklasse. *99 Wichit Soi 3, Tel. (0 55) 2 15 29 65, Kategorie 3*

Navarat
Gute Unterkunft, 80 Zi. *2 Tesa Road, Tel. (0 55) 71 11 06, Kategorie 3*

SUKHOTHAI

(C3) ★ Der Historische Park von Sukhothai ist 75 km von Kamphaeng Phet und 12 km von der neuen Stadt (23 000 Einwohner) und dem administrativen Zentrum der Provinz entfernt. Von der alten Befestigung sind nur noch einige wenige Reste vorhanden.

BESICHTIGUNGEN

Wat Chedi Sung
Auf dem Wege vom Historischen Park zur Stadt fällt das Chedi ins Auge. Es steht rechts auf freiem Feld und ist ein besonders gut gelungenes Beispiel der Architektur Sukhothais.

Wat Mahathat
Dieser Tempel mit einem eindrucksvollen Chedi nimmt die Mitte des Parks ein. Um den Chedi gruppieren sich vier Ecktürme aus Ziegeln und vier steinerne Kapellen. Auf der östlichen Seite erheben sich auf einer hohen Plattform zwei Säulenreihen, die früher das Dach des Hauptheiligtums trugen. Den Abschluß bildet ein großer Buddha in der üblichen Sitzhaltung. In unmittelbarer Nähe ist ein Denkmal König Ram Khamhaengs, des Gründers der Stadt, errichtet. Er sitzt auf einem einfachen Thron.

Wat Phra Phai Luang
Ein alter Tempel mit einem schönen Chedi im Norden außerhalb

der Befestigung, der schon vor der Gründung Sukhothais als Hauptstadt des Reiches der Thai Mittelpunkt einer Khmer-Siedlung war.

Wat Si Chum

Westlich vom Phra Phai Luang, ist wegen seiner Kolossalstatue Buddhas in einer engen hohen Kapelle sehenswert.

Wat Sorasak

Der im Jahre 1412 gebaute Tempel soll den Namen des Bauherrn tragen. Wat Sorasak steht rechts vor dem Nordtor.

Wat Sra Sri

In Richtung Nordtor, *Pratu San Luang*, liegen links und rechts der Straße Ruinen von Tempeln mit glockenförmigen Chedis. Wat Sra Sri hat eine malerische Lage auf einer Halbinsel.

MUSEUM

Ram Khamhaeng Museum

Im Historischen Park mit Zeugnissen und Fundstücken der Sukhothai-Kunst. *Mi–So, nicht an Feiertagen, 9–12 und 13–16 Uhr*

RESTAURANT

Nam Kong Garden

Großes, offenes Lokal, 1 km vor dem Historischen Park, mit angrenzendem Hotel: *Thai Village House, Kategorie 3*

HOTELS

Pailyn

Modernes Hotel, 4 km vom Park entfernt. *Jarod Vithithong Road, Tel. (055) 61 33 10, Fax 61 33 17, Kategorie 2*

Thai Village House

Passable, einfache Unterkunft in Thai-Häusern in reizvoller Umgebung. *214 Jarod Vithithong Road, Tel. 61 10 49, Kategorie 3*

SI SATCHANALAI

(C3) Der dritte Hauptort des Sukhothai-Reiches liegt 54 km nördlich von Neu-Sukhothai. Nach einer Fahrt durch ein Tabakanbaugebiet und den Ort Sawankhalok biegt links die Straße 1158 ab und überquert den Yom-Fluß. Die Querstraße nach der Brücke führt linkerhand nach Chaliang und rechterhand zum Historischen Park von Si Satchanalai.

BESICHTIGUNGEN

Wat Chang Lom

★ Das alte, ehemals befestigte Si Satchanalai wird parallel zum Flußlauf von vier Tempeln gesäumt, von denen der letzte unterhalb einer Hügelkette, der »von Elefanten umgebene« Tempel, der interessanteste ist.

Wat Phra Si Ratana Mahathat

Die Tempelanlage von *Chaliang* liegt in einer Flußschleife und wird von großen, runden Felsblöcken begrenzt. Die Toröffnung nach Osten ist oben mit einem großen behauenen Felsblock, der eine eigenartige Krone trägt, abgeschlossen. Eine Reihe von Säulen endet an einem großen, sitzenden Buddha. Ein stehender Buddha neben ihm ist halb versunken und der schreitende daneben ein einzigartig schönes Beispiel der Sukhothai-Kunst. Das Wat wird von einem zentralen Chedi beherrscht.

RESTAURANT

Hang Sak
An der Straße, rechts vor dem Historischen Park, ein geräumiges Thai-Lokal, *Kategorie 2*

ZIELE IN DER UMGEBUNG

Brennöfen von Ban Ka Noi (C3)
Verläßt man das historische Si Satchanalai am Yom-Fluß entlang nach Norden, gelangt man nach wenigen Kilometern in den Bereich der Orte Ban Ka Noi und Ban Pa Yang, wo zahlreiche Brennöfen entdeckt und ab 1980 freigelegt wurden. Hier brannten vom 10. bis 15. Jh. siamesische Töpfer aus feinem Ton hochwertiges Seladon, olivgrünes Porzellan, das unter dem Namen Sawan-Khalok-Keramik Berühmtheit erlangte. Die Ausstellung des Thai Keramik Archäologischen Projekts in Ban Ka Noi widerlegt die gängige Meinung, daß Chinesen diese Art der Keramikherstellung eingeführt haben.

Teak-Riese (C3)
Am Ortsausgang von Si Satchanalai Richtung Norden fällt links ein kunstvoll gestaltetes Holzschild ins Auge, das auf den »Second Largest Teak Tree in the World« hinweist. Diesen höchsten intakten Teak-Baum Thailands erreicht man nach 19 km, 33 km vom Historischen Park. Ein hölzerner Wegweiser auf der rechten Seite mit der Inschrift: »The Biggest Teak Tree« zeigt dann den Weg an zu dem 700 m entfernten Baumgiganten. Er steht verdeckt auf einer Anhöhe, ist 47 m hoch und hat einen Umfang von 7 m.

PHITSANULOK

(C3) Die regional bedeutendste Stadt (75 000 Einwohner), nur 58 km von Sukhothai und 498 km von Bangkok entfernt.

BESICHTIGUNG

Wat Mahathat
★ Dieser Tempel, auch Wat Yai genannt, ist das Wahrzeichen der Stadt und liegt am Fluß. Seine 1357 gegossene Buddha-Statue Phra Buddha Jinaraj ist eine der bedeutendsten Thailands.

MUSEUM

Thawi Buranaket Volksmuseum
Das Volksmuseum liegt der Gießerei gegenüber und enthält eine reichhaltige Sammlung von Gegenständen der Volkskunst, des Haushalts und der Landwirtschaft. *26/43 Wisuthi Kasartri Road, tgl. 8.30–12 und 13 bis 17 Uhr*

RESTAURANTS

Hausbootrestaurants sind am Flußufer zur *Phutta Bucha Road* hin vertäut. Die Küchen sind gut, *Kategorie 3*

HOTEL

Pailyn
Mittelklasse, führendes Hotel am Ort, 226 Zi. *38 Baromatrilokanart Road, Tel. (0 55) 25 24 11–5, Fax (0 55) 25 89 83, Kategorie 3*

AUSKUNFT

TAT-Informationsbüro
209/7–8 Baromatrilokanart Road, Tel. (0 55) 25 27 42–3

Wo die schönsten Mädchen leben

Faszinierender Kontrast zwischen saftigen Tälern und dschungelbewachsener Bergwelt. Bilder farbenfroher Bergbewohner prägen sich ein

Nordthailand, einst ein eigenes Königreich, Lanna genannt, zeichnet sich durch die Schönheit seiner Landschaft und die besondere Freundlichkeit seiner Bewohner aus. Die Mädchen und Frauen gelten als die hübschesten des Königreichs. Angehörige der Bergstämme in farbenfreudigen Trachten beleben das Bild auf den Straßen. Unternehmungslustige Besucher haben die Gelegenheit, ein- oder mehrtägige Ausflüge, Berg- und Trekkingtouren zu den Dörfern auf den Anhöhen zu unternehmen. Die Tempel im Norden haben ihren eigenen Stil und sind sehenswert. Beachtlich ist auch die Zahl und Qualität der kunsthandwerklichen Erzeugnisse. Der Norden ist auch klimatisch eine Alternative. Es ist dort merklich kühler. Die geringere Luftfeuchtigkeit läßt sogar höhere Temperaturen leichter ertragen als im Süden.

Viele Heiligtümer sind prachtvoll in Gold gehalten

LAMPANG

(C2) Als Tor zum Norden hat sich Lampang, 50000 Einwohner, 604 km von Bangkok, stürmisch entwickelt. Die Stadt liegt zu beiden Seiten des Wang-Flusses. Mittlerweile dominieren auch hier Betonbauten, die das Bild thailändischer Städte bestimmen. Etliche, früher typische Holzhäuser mit verzierten Fassaden sind jedoch noch erhalten. Von der Stadtmauer steht noch ein Wachturm. Rundfahrten lassen sich noch, einzigartig in Thailand, mit Pferdedroschken unternehmen.

BESICHTIGUNGEN

Wat Chedi Sao

Der »Tempel der zwanzig Chedis« wird auch *Wat Chedi Ysip*

Ong genannt. Neunzehn schneeweiße Chedis, die sich um einen zentralen größeren gruppieren, heben sich markant von den umliegenden Reisfeldern ab. *Der Tempel steht nördlich der Stadt.*

Wat Phra Keo Don Tao
Der Tempel vereint nordthailändische und birmanische Bauelemente. Er steht am rechten Ufer des *Wang*-Flusses.

Wat Suchadaram
Dieser Tempel hat das für Nordthailand typische herabgezogene Dach.

RESTAURANTS

Gute Restaurants sind in der *Takrao Noi Road* zu finden.

HOTELS

Asia
Akzeptable Unterkunft, 60 Zi. *299 Banyawat Road, Tel. (0 54) 21 77 61, Kategorie 3*

Tipchang
Empfehlenswerte preiswerte Mittelklasse, 132 Zi. *54/22 Takrao Noi Road, Tel. (0 54) 22 65 01–6, Fax 22 53 62, Kategorie 3*

ZIELE IN DER UMGEBUNG

Elefantenschulung (C 2)
★ *Gut 50 km von Lampang in Richtung Chiang Rai. Hinter Pang La Village Abzweigung zum anderthalb Kilometer entfernten Elefant Training Centre.* Hier werden Arbeitselefanten abgerichtet.

Tham Pha Thai (C 2)
Eine Grotte mit beeindruckenden Tropfsteinformationen in ausgedehnten Höhlenkammern. *19 km vor der Stadt Ngao.*

Wat Phra That Lampang Luang (C 2)
Bedeutende befestigte Tempelanlage aus dem 15. Jh. *18 km südwestlich der Stadt Lampang.*

CHIANG MAI

(B 2) Bei dem Besuch Nordthailands denkt man in erster Linie an Chiang Mai, die *Rose des Nordens*, die allerdings schon etwas welkt. Die zweitgrößte und bedeutendste Stadt mit über 200 000 Einwohnern ist 697 km von der Hauptstadt entfernt. Ein noch intakter Schutzgraben umgibt das Quadrat der alten Stadt. Die mächtige Ziegelmauer an der Innenseite ist noch in Teilen erhalten. Die fünf Stadttore sind rekonstruiert. Chiang Mai hat den engen Rahmen gesprengt und sich zunächst nach Osten bis zum *Ping-Fluß* ausgedehnt. In diesem Bezirk befinden sich die führenden Hotels. Bahnhof und Busstation liegen auf der anderen Flußseite. Der *Super Highway* von Chiang Mai bildet im Norden einen Halbkreis um die Stadt.

BESICHTIGUNGEN

Meo-Dorf
Die verhältnismäßig fortschrittlich zu bezeichnenden Stammesbewohner dieser Siedlung, *etwa vier Kilometer vom Phuping Palast* entfernt, sind vom Touristenstrom nicht unberührt geblieben. Für Besucher bietet dieses Dorf dennoch ein typisches Beispiel des Lebens der Bergstämme.

MARCO POLO TIPS FÜR DEN NORDEN

1 **Nachtmarkt in Chiang Mai**
Auf den Gehwegen und in mehrstöckigem Gebäude (Seite 69)

2 **Wat Prathat Doi Suthep**
Prachtvoller Tempel auf Anhöhe 600 m über Chiang Mai (Seite 68)

3 **Elefantenschulung**
Die Abrichtung von Arbeitselefanten, früher eine wirtschaftliche Notwendigkeit, ist heute mehr eine touristische Attraktion (Seite 66 und 70)

4 **Goldenes Dreieck**
Laos, Myanmar (Birma) und Thailand treffen sich am mächtigen Mekong (Seite 72)

5 **Doi Inthanon**
Atemberaubende Fahrt zum höchsten Gipfel (2515 m) (Seite 70)

6 **Giraffenhalsfrauen**
Bootsfahrt von Mae Hong Son zu den Padongs, deren Frauen ihre Hälse mit Messingringen strecken (Seite 73)

Phuping Palast

5 km weiter aufwärts als *Wat Prathat* liegt in 1300 m Höhe die Sommerresidenz der Königsfamilie. Errichtet in den Sechziger Jahren dieses Jahrhunderts. In ihrer Abwesenheit steht der Park am Wochenende dem Publikum offen.

Wat Chedi Luang

In der Stadtmitte erhebt sich die imposante Basis eines ehemaligen 90 m hohen Tempelturms, der 1545 bei einem Erdbeben einstürzte. Dieser gigantische Chedi ist nie wieder errichtet worden. *Rajmanka Road/Prapok Klao Straße*

Wat Jet Yot

Der Mitte des 15. Jahrhunderts erbaute Tempel in der Nähe des Museums hat, wie der Name besagt, sieben Spitzen und ist eine Nachbildung des indischen Bodh Gaya. *Super Highway*

Wat Chiang Man

Das Heiligtum am Nordrand der Stadt innerhalb der Mauer ist das älteste. Sein Chedi wird von fünfzehn Elefanten »getragen«. *Ratchaphani Road.*

Wat Ku Tao

Der Chedi dieses 1673 gegründeten Tempels nördlich der Stadtmauer zeichnet sich durch eine ungewöhnliche Form aus. Fünf Zwiebeln liegen übereinander und verjüngen sich nach oben. Ein Metallschirm krönt die letzte. *Hinter Busstation, Nähe Fang Road*

Wat Phra Singh

Am östlichen Ende der Querachse durch die alte Stadt liegt der bedeutendste der achtzig Tempel Chiang Mais. Schmuckstücke dieser Anlage sind die Holzkonstruktion der Bibliothek auf hohem weißem Sockel und der um 1600 erbaute Bot

Eine typische Anmutung der »Rose des Nordens«: die Bibliothek des Wat Phra Singh

und die Kapelle mit der *Phra Buddha Singh Statue. Phra Singh Road*

Wat Prathat Doi Suthep

★ Eine kurvige Bergstraße führt zu dem *zwölf Kilometer nordwestlich von Chiang Mai* gelegenen prächtigsten aller Tempel. Eine von Nagas, Schlangen, gesäumte Treppe mit fast 300 Stufen führt zur Anhöhe hinauf. Unsportliche Besucher benutzen die kurze Seilbahn.

Wat Suan Dok

Der riesige Wihan dieses Tempels im Westen und außerhalb der Stadtmauer ist in der ungewöhnlichen Form einer offenen Sala erbaut. Die zahlreichen weißen Chedis dahinter sind Grabmäler der Fürstenfamilien Chiang Mais. *Suthep Road*

MUSEEN

Nationalmuseum

Im Erdgeschoß des Museums fällt ein riesiger, unvollendeter Buddhakopf ins Auge. Im oberen Stockwerk sind Trachten der Bergstämme, Handwerkszeug und Ackerbaugeräte ausgestellt. *Super Highway, Mo–So 9 bis 12 und 13–16.30 Uhr, Eintritt 20 Baht*

Tribal Research Centre

Das kleine Museum dieses Instituts auf dem Universitätsgelände unterrichtet über die Kultur der Bergvölker. *Mo–Fr 8.30 bis 16.30 Uhr*

RESTAURANTS

Antique House

Hundert Jahre altes Teak-Haus, antik eingerichtet, in zentraler Lage. Schmackhafte Thai-Gerichte in origineller Umgebung. *71 Charoen Prathet Road, Kategorie 2*

Arun Rai

Einfache, nordthail. Küche. *45 Kotchasasarn Road, Kategorie 3*

Baan Suan

Typisch regionale Gerichte. *51/3 Chiang Mai-Sankampaeng Road, Kategorie 3*

Riverside Restaurant

Gute Thai-Küche und Live-Musik, malerisch am rechten Flußufer. *9–11 Charoenrat Road, Kategorie 2*

EINKAUFEN

Als Zentrum des Kunsthandwerks in Thailand ist Chiang

Mai ein Einkaufsparadies. Hauptgeschäftsstraße ist die *Ta Pae Road* zwischen dem *Ping* und *Stadtgraben*. Nach Osten setzt sie sich über den *Super Highway* hinweg zum *Schirmdorf Bor Sang* und nach *Sankampaeng* fort. Rechts und links gibt es verschiedene Produktions- und Verkaufsstätten der Holzschnitzerei, von Lack-, Leder-, Baumwoll- und Seidenwaren.

Bor Sang
Dieser Ort ist für die Herstellung von handgemalten Schirmen aus Bambus, Papier oder Seide bekannt. *2 km östlich von Chiang Mai*

Nachtmarkt
★ Ab 18 Uhr beginnt sich an der *Chang Klan Road* der Nachtmarkt zu beleben, wo gewebte und bestickte Stoffe, Kleidung, Schultertaschen und Silberschmuck der Bergstämme, Antiquitäten und billige Souvenirs angeboten werden.

Silberschmiede
Kunsthandwerker, die mit Silber arbeiten, konzentrieren sich an der *Wualai Road*, die vom *Chiang Mai Tor in Richtung Südosten* verläuft.

HOTELS

Diamond Riverside
Gepflegtes Hotel am Ping, 312 Zi. *33/10 Charoen Prathet Road, Tel. (0 53) 27 00 80, Fax 27 14 82, Kategorie 2*

Mae Ping
Hotel in zentraler Lage, 416 Zi. *153 Sridonchai Road, Tel. (0 53) 25 11 60, Fax 25 10 69, Kategorie 2*

Rincome
An der Route zum Doi Suthep, 162 Zi. *301 Huay Kaew Road, Tel. (0 53) 22 10 44, Fax 22 19 15, Kategorie 2*

YMCA International
Preisgünstige Unterkunft, 164 Zi. *11 Sermsuk Road, Tel. 22 18 19, Kategorie 3*

AM ABEND

Khantoke-Abendessen mit kulturellen Darbietungen. »Khan« bedeutet Schale und »Toke« ist ein kleiner runder Tisch aus Rattan oder Holz, an dem man mit gekreuzten Beinen sitzt.

Diamond Teak Mansion
33/10 Charoen Prathet Road

Old Chiang Mai Cultural Center
185/3 Wualai Straße

Saitong Village
Sankampaeng Road km 8–9

AUSKUNFT

TAT-Touristeninformation
Chiang Mai – 1 Lamphun Road, Tel. (0 53) 23 53 34

ZIELE IN DER UMGEBUNG

Chiang Dao Höhlentempel (B 2)
Vor *Mae Taeng*, 68 km nördlich von Chiang Mai, zweigt eine Straße nach *Mae Hong Son* ab. Die Hauptstraße windet sich im Ping-Tal zum Flecken *Chiang Dao* am Rande eines 2175 m hohen Bergmassivs hinauf. Ein Abstecher von knapp sechs km führt zum Höhlentempel. Zu sehen sind Buddhastatuen und ein weißer Chedi mit vielen Türmchen. Am

Eingang schwimmen in einem Teich ungestört große Fische, die nicht befürchten müssen, jemals in einem Topf oder einer Pfanne zu enden.

Elefanten Camp **(B 2)**

In der Ortschaft *Mae Rim*, 16 km nördlich von Chiang Mai, biegt eine Straße nach links zum Elefanten Camp und zu den *Mae Sa Wasserfällen* ab. Am Vormittag finden im Elefanten Camp Vorführungen mit den Dickhäutern statt.

Doi Inthanon Nationalpark **(B 2)**

Von Nationalstraße 108 Richtung Hot zweigt bei km 58 die Gipfelstraße 1009 nach rechts zum Nationalpark mit dem höchsten Berg Thailands ab. Sie endet nach 47 km. Auffallend sind zwei ungewöhnliche Chedis am Berghang, die zu Ehren der 60. Geburtstage des Königs (5. 12. 87) und der Königin (12. 8. 92) errichtet wurden. Man erreicht sie nach km 41. Die Tafel auf dem Gipfel gibt die Höhe des Doi Inthanon exakt mit 2.565,3341 m an. Der Zugang zum Mae Ya-Wasserfall (250 m) zweigt unten von der 1009 ab.

Lamphun **(B 2)**

Nur 26 km von Chiang Mai entfernt liegt die ehemalige Hauptstadt des Mon-Königreichs Haripunchai. Hauptsehenswürdigkeit dieses 14 000 Einwohner zählenden und von der Neuzeit noch wenig deformierten Städtchens ist der *Wat Prathat Haripunchai,* auf der linken Seite der Hauptstraße Lamphuns. Sein Chedi wurde bereits 897 erbaut und im Verlauf der Jahrhunderte auf seine gegenwärtige Höhe von 51 m vergrößert. Der Turm ist oben vergoldet. Der ihn krönende neunfache Schirm ist aus 6 kg purem Gold.

Wat Kukut. Der 21 m hohe imposante Chedi dieses zwischen dem 8. und 10. Jh. errichteten Tempels hat fünf Etagen mit je drei Nischen, in denen Stuck-Buddhas stehen. *Der Tempel steht 1 km westlich des Stadtgrabens.*

Im Camp erledigen die Elefanten noch die Holzarbeiten

CHIANG RAI

(**C1**) Die Hauptstadt von Thailands nördlichster Provinz ist von Chiang Mai auf kürzester und landschaftlich schöner Strecke (268 km) in dreieinhalb Stunden zu erreichen. Die Fahrt über Lampang und auf der Fernstraße 1 über Ngao und das malerisch gelegene Phayao nimmt dagegen fünf bis sechs Stunden in Anspruch. Mit der touristischen Erschließung des Nordens gewinnt die 1262 von König Mengrai gegründete Stadt deutlich an Gewicht. Das Denkmal des Monarchen befindet sich im Osten der Stadt.

BESICHTIGUNGEN

Wat Phra Keo
Der Tempel ist im Stil des Nordens erbaut. Er beherbergte im 15. Jahrhundert den Smaragd-Buddha, das heiligste Bildnis Thailands, der heute im Königlichen Tempel in Bangkok steht.

Wat Phra Singh
In seinen Mauern befindet sich das berühmte Abbild Phra Phutta Sihing.

MUSEUM

Hilltribe Education Centre
Das HEC Bildungszentrum für Bergvölker stellt Kunsthandwerk der Bergstämme aus und organisiert ein- oder mehrtägige Touren. *620/25 Tonarai Road*

RESTAURANTS

Annehmbare Eßlokale der Kategorie 3 findet man am Uhrenturm in der Stadtmitte.

HOTELS

Dusit Island Resort
Modernes Hotel auf der Insel Ko Loy, 286 Zi. *1129 Kraisorasit Road, Tel. (0 53) 71 59 89, Fax 71 59 88, Kategorie 1*

Rimkok Resort
Großzügige Anlage vor der Stadt, 300 Zi. *6 Moo 4, Chiang Rai-Thaton Road, Tel. 71 64 45, Fax 71 58 59, Kategorie 2*

Wiang Inn
Zentrale Lage, 226 Zi. *893 Phaholyothin Road, Tel. (0 53) 71 15 43, Fax 71 18 77, Kategorie 3*

ZIELE IN DER UMGEBUNG

Chiang Saen (**C1**)
Die Straße von *Mae Chan* nach Nordosten erreicht nach 31 km die Hauptstadt des frühesten Thai-Königsreichs. Sie liegt direkt am Westufer des Mekong. Innerhalb der ausgedehnten Befestigungen steht der *Wat Chedi Luang*, 1390 erbaut, mit einem 58 m hohen Turm. Neben dem Tempel ein kleines *Museum*, das interessante archäologische Fundstücke aus der Umgebung zeigt. *Mi–So 9 bis 16 Uhr, Eintritt 20 Baht.*

Am Mekong entlang gibt es eine Reihe von einfachen Restaurants. Etwas außerhalb der Stadt in Richtung Norden zum Goldenen Dreieck kann man im *Rim Khong, Kategorie 2*, einkehren.

Doi Mae Salong (**C1**)
Von der Ortschaft *Mae Salong*, 29 km nördlich von Chiang Rai, zweigt eine Bergstraße nach Westen zum 37 km entfernten und

1418 m hohen Doi Mae Salong ab, auch *Santi Kiri*, Berg des Friedens genannt. Hier leben noch Nachkommen von Angehörigen der chinesischen Nationalarmee, die sich der Teekultivierung widmen.

Goldenes Dreieck **(C 1)**

★ Der mächtige Mekong und sein Nebenfluß Sai bilden, 11 km von Chiang Saen, im Länderdreieck die Grenze zwischen Laos Myanmar (Birma) und Thailand. Auf birmanischer Seite entsteht ein Spielcasino. Vom Dorf Sob Ruak eröffnen sich Aussichten auf das »Goldene Dreieck«, besonders schön von der Anhöhe des Wat Phra That Pu Khao. Am Treppenaufstieg ist ein kleines Museum, *House of Opium*, sehenswert. *Tgl. von 8–20 Uhr geöffnet. Eintritt 10 Baht.* Das mysteriöse »Goldene Dreieck« läßt Visionen von Opiumfeldern, -küchen, -höhlen und -schmuggel aufkommen, ist jedoch hier nicht mehr als eine besonders schöne Landschaft. Zwei Luxushotels bieten Unterkunft. *The Golden Triangle*, mit Blick auf das Dreiländereck, *Tel. (053) 71 48 01* und *Le Meridien Baan Boran, Tel. (053) 71 66 78, Kategorie 1*

Mae Sai **(C 1)**

Zwischen dem »Goldenen Dreieck« und dem nördlichsten Punkt, dem Grenzort Mae Sai, besteht eine direkte Straßenverbindung. Eine Brücke über den Grenzfluß Sai führt nach Myan-

Beeindruckende Landschaftsimpressionen am Goldenen Dreieck

mar, Birma, hinüber. Auf dem bunten Markt werden Edelsteine aus dem Nachbarland angeboten.

MAE HONG SON

(**B 2**) Die Gebirgsstrecke von Chiang Mai nach Mae Hong Son, 362 km, nimmt acht Stunden Autofahrt in Anspruch, die Flugstrecke 35 Minuten. Die kleinste Provinzhauptstadt Thailands zählt nur 9000 Einwohner.

BESICHTIGUNGEN

Wat Chong Khaen
Erster Tempel, 1827 im birmanischen Stil erbaut, 1984 zu einem Königstempel aufgewertet.

Wat Phra That Doi Kong Mu
250 m über der Stadt mit einem sehr schönen Blick über Mae Hong Son und Umgebung.

HOTELS

Mae Hong Son Resort
Urige Bungalow-Anlage *am Pai-Fluß 6 km außerhalb der Stadt. 24 Ban Huay Dua, Kategorie 2*

Tara Mae Hong Sorn
Stadtnah, 104 Zi. *149 Moo 8, Tambon Pang Moo, Tel. (0 53) 61 12 72, Fax 61 12 52, Kategorie 1*

ZIELE IN DER UMGEBUNG

Giraffenhalsfrauen, Langhals-Karen (**B 2**)
★ Mehrstündiger Bootsausflug bis fast an die birmanische Grenze zu einem Karen-Stamm. Schönheitsideal der Frauen ist ein langer Hals. Er wird durch jährliches Hinzufügen eines Messingringes gestreckt.

Tham Pla (**B 2**)
Diese Fischgrotte an der Straße nach *Pai* ist sieben km vom *Wat Phra Non* entfernt. In dem Gewässer schwimmen in dichtem Gedränge heilige Fische, die zur Karpfenfamilie gehören.

Wat Phra Non (**B 2**)
Der Tempel, zehn km nördlich der Stadt, enthält einen liegenden Buddha im birmanischen Stil.

NAN

(**C 2**) Das Rennen der Langboote, Einbäume mit bis zu 50 Ruderern, Ende Oktober ist das spektakulärste Ereignis in Nan. Die alte Stadt mit 25000 Einwohnern liegt am rechten Ufer des gleichnamigen Flusses, 668 km von Bangkok.

BESICHTIGUNGEN

Wat Chang Khan Vora Viharn
Dieser Tempel beherbergt das Bildnis eines schreitenden Buddha aus Gold. Sein Chedi wird von Elefanten getragen.

Wat Phumin
Die Türen des kreuzförmigen Tempels sind exquisit geschnitzt. In der Mitte lehnen vier große sitzende Buddhas an den Seiten des quadratischen Altars.

HOTEL

Dhevaraj
Zentrale Lage, erste Wahl, 400 Zi. *466 Sumonthevarat Road, Tel. (054) 710095, Kategorie 3*

Wo Unternehmungsgeist gefordert ist

Für Besucher, die einen angenehmen und geruhsamen Urlaub verbringen wollen, ist der Nordosten nicht ideal

Das große Plateau im Nordosten Thailands, allgemein Isan genannt, ist die größte und bevölkerungsreichste Provinz des Landes. Vom Klima und der Bodenbeschaffenheit ist Isan eher benachteiligt. Viele Bewohner suchen daher ihr Auskommen vor allem in der Großstadt Bangkok. Isan galt lange als unzugänglich, rückständig und nicht interessant genug. Trotz gut ausgebauter Verkehrswege, geeigneter Flug-, Eisenbahn- und Busverbindungen ist der Besuch einzigartiger Sehenswürdigkeiten wegen der großen Entfernungen mit Umständen verbunden, die Unternehmungsgeist erfordern. Exotische und schöne Feste in Provinzstädten sind nicht zuletzt Touristenattraktionen und verfolgen das Ziel, Besucher aus anderen Teilen Thailands anzuziehen.

Eine Touristenattraktion für den unattraktiven Nordosten: in Surin finden jährlich zweitägige Elefantentreffen statt. Hunderte der Dickhäuter ziehen in die Stadt ein und führen ihre Kunststücke vor

NAKHON RATCHASIMA

(**D4**) Von Saraburi zweigt die Fernstraße 2 von der Nr. 1 ab. Sie wird auch *Mitraphab Highway*, Straße der Freundschaft, genannt, weil sie mit amerikanischer Hilfe gebaut wurde. Nach 148 km, 256 km von Bangkok entfernt, gelangt man nach Nakhon Ratchasima, die größte Stadt Nordostthailands, auch als *Korat* bekannt, das Tor zum Nordosten. Die 92 000 Einwohner zählende Stadt ist ein bedeutendes regionales kommerzielles Zentrum, bietet wenig Attraktionen, für Touristen wenig ergiebig.

BESICHTIGUNGEN

Bronzestatue Tha Sua Naris
Denkmal und Schrein der Nationalheldin Khunying Mo. Eine laotische Armee hatte 1826 Korat eingenommen. Frauen unter Mos Führung brachten die feindlichen Soldaten dazu, sich sinnlos zu betrinken; so konnten sie dann getötet werden.

MARCO POLO TIPS FÜR DEN NORDOSTEN

1 Ban Chiang
Fundort der ältesten Zivilisation der Bronzezeit. Prähistorische Beerdigungsstätte (Seite 79)

2 Prasat Phanom Rung
Felsentempel aus der Zeit Angkor Wats in markanter Lage (Seite 77)

3 Phimai
Das »kleine« oder »thailändische Angkor Wat«. Klassisches Beispiel der Khmer-Architektur. In der Nähe gigantischer Banyan-Baum (Seite 77)

4 Prähistorische Felsmalereien
Zeichnungen an Steilwänden über dem Mekong, die erst 1981 entdeckt wurden (Seite 78)

5 Wat Phra That Phanom
Bedeutendstes buddhistisches Heiligtum des Nordostens, dessen Turm 1975 einstürzte und inzwischen wieder aufgebaut wurde (Seite 78)

6 Ban Dan Kwien
Töpferdorf südlich von Nakhon Ratchasima, Korat (Seite 76)

Wat Sala Loi
Modernes Beispiel der Tempelarchitektur.

MUSEUM

Somdej Maha Wirawongsa Museum
Im Bezirk des *Wat Sutthachinda* sind Kunstwerke der Khmer und Thai aus Korat und den angrenzenden Provinzen zu sehen.

RESTAURANT

Sio Sio
Gute Thai-Küche. *Bua Rong Road, Kategorie 3*

HOTELS

Chom Surang
Das beste in Korat, gehobene Mittelklasse, 175 Zi. *2701/1–2 Mahat Thai Road, Tel. (0 44) 25 70 88–9, Fax (0 44) 25 28 97, Kategorie 2*

Muang Mai Korat
Gute Mittelklasse, 119 Zi. *4014/1 Atsadang Road, Tel. (0 44) 24 24 44, Kategorie 3*

AUSKUNFT

TAT-Informationsbüro
2102–2104 Mittraphap Road, Tel. (0 44) 24 34 27, 24 37 51

ZIELE IN DER UMGEBUNG

Ban Dan Kwien **(D 4)**
★ Zu Beginn der West–Ost-Achse, der *Straße 24*, die Korat mit Ubon Ratchathani verbindet und fast 400 Kilometer lang ist, lassen sich in diesem *Töpferdorf* alle Stadien der Keramikherstellung verfolgen. Das Dorf ist 15 km von Korat entfernt. Fahrer und Betreuer von und in den Touristenbussen auf dem Weg zum Elefantenfest in Surin oder den Khmer-Tempeln Prasat Phanom Rung und Prasat Muang

Tam sind es gewöhnt, daß sie nach der in Ban Dan Kwien eingelegten Pause etliche Anschaffungen im Gepäckraum verstauen müssen.

Banyan-Baum **(D 4)**
Vor der Brücke, die nach Phimai hinüberführt, biegt ein Seitenweg zu einer vom Mun umflossenen Insel ab mit einem Banyan-Baum von gigantischen Ausmaßen. Viele Luftwurzeln sind wieder in den Boden eingedrungen und haben eine Art Hain entstehen lassen.

Phimai **(D 4)**
★ Das Turmheiligtum aus dem 11. Jahrhundert, 54 km nordöstlich von Korat, ist ein prächtiges Zeugnis klassischer Khmer-Architektur. Es wird auch als das »kleine« bzw. »thailändische Angkor Wat« bezeichnet. Eine hohe Mauer aus rotem Sandstein umgibt die Anlage. Der Prasat ist auf einem quadratischen Sockel errichtet und steht im Innenhof, der durch vier Torbauten zugänglich ist. Die hohe Kunst der Khmer-Bildhauer zeigt sich besonders in den Türstürzen und Giebelfeldern.

Prasat Muang Tam **(E 4)**
Unterhalb des *Prasat Phanom Rung* sind die Ruinen des noch früher errichteten Tempels Prasat Muang Tam zu besichtigen. Sie sind nicht minder interessant, wenn auch weniger imposant.

Prasat Phanom Rung **(E 4)**
★ Hundert Kilometer von Korat entfernt liegt das zweite hervorragende Beispiel der Khmer-Architektur. Nach km 83

Prasat Phanom Rung. Wichtiges Beispiel der Khmer Architektur

zweigt in der Ortschaft *Ban Ta Ko* eine Seitenstraße zu einem Vulkanberg ab. Auf einem südlichen Ausläufer dieser Anhöhe ist in markanter Lage im 12. Jahrhundert das Heiligtum erbaut worden. Die Restaurierung dieser Anlage, 190 Meter über dem Umland, wurde 1988 abgeschlossen. Eine Prozessionsstraße führt zu einer kreuzförmigen Rampe. Über einen monumentalen Aufgang gelangt man dann zur Terrasse, von der sich der Tempelturm erhebt. Er ist von außergewöhnlicher Schönheit.

Surin **(E 4)**
Vierzig Kilometer nach Ban Ta Ko mündet die Nationalstraße 214 in die Fernstraße. Erste Station nach 30 Kilometern ist die Provinzhauptstadt Surin. 35 000 Einwohner. Am dritten Wochenende im November zieht die Stadt jährlich mit ihrem Elefantenspektakel Besucher in Scharen an. Sonderzüge werden eingesetzt, und Busgesellschaften verbinden die Fahrt mit einem Besuch von Prasat Phanom Rung.

Übernachtungsmöglichkeiten gibt es im *Hotel Petchkasem*, einer guten Provinzadresse mit 111 Zi., *140 Chitbamrung Road, Tel. (0 45) 51 12 74, Kategorie 3*

Yasothon **(E 4)**
Die verschlafene Provinzhauptstadt ist im Mai mit ihrem Raketenfest ein großer Anziehungspunkt für Touristen. Die lokal angefertigten originellen Feuerwerkskörper werden in einem bunten Umzug, begleitet von Musik und folkloristischen Darbietungen, vorgeführt und am nächsten Morgen abgefeuert. Dadurch sollen die Regengeister geweckt werden.

UBON RATCHATHANI

(**F4**) Die Stadt am Mun, einem Nebenfluß des Mekong, ist Endpunkt einer Eisenbahnlinie, 575 Bahn- und 629 Straßenkilometer von Bangkok entfernt. Die Stadt wird auch kurz Ubon genannt, hat 50 000 Einwohner und ist der bedeutendste Ort im Südosten Isans. Im Juli findet hier ein fünftägiges Wachskerzenfest statt. Phantasievolle Kreationen können dabei mehrere Meter hoch sein.

RESTAURANT

Ubonrat
Variationsreiche Küche. *224/1–5 Chayangkul Road, am Pathumrat Hotel, Kategorie 3*

HOTEL

Krung Thong
Zentrale Lage, 132 Zi. *Sri Narong Road, Tel. (0 45) 25 42 00, Kategorie 3*

AUSKUNFT

TAT Information
Sala Prachakhom, Sri Narong Road, Tel. (0 45) 25 56 03

ZIELE IN DER UMGEBUNG

In diesem Abschnitt sind wir von der alphabetischen Systematik abgewichen, um Ihnen die Ziele in der Umgebung in der geographischen Reihenfolge schildern zu können.

Prähistorische Felsmalereien **(F 4)**
★ Malereien von Pha Tem und Pha Mon an Steilwänden über dem Mekong. Nördlich von dem Städtchen *Khong Chiam* wurden 1981 an den konkaven Wänden feinen Sandsteins Reihen von prähistorischen Sepiazeichnungen entdeckt, die Elefanten, Fische, Vögel und eine Schildkröte darstellen.

Wat Phra That Phanom **(E 3)**
★ Die fast 600 km lange Nationalstraße 212 verbindet Ubon mit Nong Khai, dem Endpunkt der Nordostlinie der Eisenbahn, 624 Bahnkilometer von Bangkok und 616 km über die Freundschaftsstraße. Bis *Nakhon Phanom* sind es von Ubon etwa 270 km. Und von Ubon bis *That Phanom* etwa 225 km. Das Städtchen am Mekongufer besitzt mit dem *Wat Phra That Phanom* das bedeutendste buddhistische Heiligtum Isans. Sein hoher Turm, That, soll eine Reliquie Buddhas enthalten. Er stürzte 1975 ein. Der Wiederaufbau war 1979 beendet. Die Provinzhauptstadt Nakhon Phanom (34 00 Einwohner), 52 km nördlich liegt ebenfalls am Mekong.

Ban Chiang **(D–E 3)**
★ Die Direktverbindung von Nakhon Phanom nach Udon Thani, die Nationalstraße 22, ist 252 km lang und passiert 45 km vor Udon Thani das Dorf Ban Pu. Eine Seitenstraße führt rechts nach Ban Chiang, wo bei Ausgrabungen verzierte Tonkrüge, Bronzegegenstände und -schmuckstücke aus dem 5. Jahrtausend vor Chr. gefunden wurden. Es ist erwiesen, daß es hier eine Agrarkultur gegeben hat, die eine der ältesten Welt ist. Im Hofe des *Wat Pho Si Nai* sind Grabinhalte in ihrer ursprünglichen Form mit den Skeletten und in einem kleinen Museum in der Nähe sind weitere Funde ausgestellt. Eine ansehnliche Sammlung von Tonkrügen, Schmuck und Gerätschaften aus Ban Chiang findet sich im *Museum von Khon Kaen.*

KHON KAEN

(D 3) Diese Stadt am Mitraphab Highway, 445 km von Bangkok entfernt, zählt über 100 000 Einwohner und ist der Mittelpunkt Isans. Diese Rolle wird durch die Universität verstärkt.

MUSEUM

Abgesehen von den Fundstücken aus *Ban Chiang* sind noch die ausgestellten Stelen, Semas, Grenzmarkierungen aus Sandstein bemerkenswert. Sie stammen aus *Ban Sema*, einem kleinen Ort 75 km südöstlich von Khon Kaen. Hier lag einst Muang Fa Daet Sung Yan, vom 9. bis 11. Jahrhundert die Hauptstadt eines Königreichs. *Mi–So 9 bis 16 Uhr, Eintritt 20 Baht*

RESTAURANTS

Ratchapluk und Rochana
Annehmbare Küchen, Eßlokale mit Garten. *Klang Muang Road, Kategorie 3*

EINKAUFEN

Hier konzentriert sich die Herstellung der schweren *Matmi-Seide.* Die beste Auswahl gibt es im *Seidenweberdorf Chonnabot*; 42 km südlich von Khon Kaen an der Fernstraße 2.

HOTEL

Kosa
Bekanntes Hotel, 123 Zi. *250–252 Srichand Road, Tel. (0 43) 22 50 14–8, Fax (0 43) 22 50 13, Kategorie 2*

NONG K HAI

(D 2–3) Die lebhafte Grenz- und Provinzhauptstadt am Mekong ist Durchgangsstation nach Laos. Sehenswert ist der *Wat Si Muang* mit einem stehenden und sitzenden Buddha, der aus einer Legierung aus Gold, Silber und Kupfer gegossen ist.

RESTAURANT

Udom Rat
Französisch angehauchte Küche. *Am Nachtmarkt, Rim Khong Road, Kategorie 3*

HOTEL

Nong Khai Grand Thani
Erstklassig, modern. *589 moo 5 Poanpisai Road Muang District, Nong Khai 43000, Tel. (042) 420033, Fax 412026, Kategorie 1–2*

Luxusherbergen an Inselbuchten

Weiße Strände, atemberaubende Korallenriffe, türkisgrünes Wasser – einsame Inselwelt

Im Süden Thailands ist die Vegetation üppiger als im Norden, weil es hier fast zu allen Jahreszeiten regnet. Es herrscht ein tropisches Klima. Bei der Reiseplanung ist zu berücksichtigen, daß es im Süden zwei Monsunzeiten gibt. Monsunwinde berühren die Ostküste mit Ko Samui von Oktober bis April. Die Westküste mit Phuket wird zwischen Mai und Oktober vom Monsun heimgesucht. Der Süden zählt zu den besonders rasant wachsenden Touristenregionen. Es ist kaum vorstellbar, daß es 1976 auf Phuket noch kein einziges Strandhotel gab. Heute ist die Insel an allen Buchten der bevorzugten Westseite mit Luxusherbergen gut bestückt.

Die südlichsten Provinzen sind bis zu 1200 km von Bangkok entfernt. Die Distanz von Küste zu Küste beträgt an der engsten Stelle knapp 30 km und an der breitesten 230 km.

Wer Ruhe und Erholung unter Palmen am tropischen Meer sucht, findet sie auf Ko Samui im Imperial Hotel

PHETCHABURI

(**B8**) Um nach Phetchaburi und weiter in den Süden zu gelangen, verläßt man Bangkok über die große Rama IX.-Brücke, fährt zunächst an Salzteichen vorbei, wo Windmühlen Pumpen antreiben, die Meerwasser zur Verdunstung und Salzgewinnung in die Pfannen holen. Nach 84 km trifft die Straße auf den Fernschnellweg Nr. 4. In der Ferne sind die Anhöhen zu erkennen, welche die Stadt beherrschen. Phetchaburi hat 35 000 Einwohner und mehr als zwei Dutzend Tempel.

BESICHTIGUNGEN

Khao Wang Palast
Ein Treppenaufgang oder eine Seilbahn ermöglichen den Aufstieg. Der Palast wurde im 19. Jahrhundert von Rama IV. erbaut. Von der sich anschließenden Sternwarte hat man einen weiten Blick.

Wat Yai Suwannaram
Der im 17. Jahrhundert erbaute Tempel ist wegen seiner Wand-

malereien berühmt. Der kleine Holzbau in dem von Palmen umsäumten Wasserbecken ist ein bemerkenswertes Beispiel der Holzschnitzkunst, für die Phetchaburi bekannt ist.

HUA HIN

(**C 6**) Das älteste Seebad Thailands (33 000 Einwohner), 233 km von Bangkok entfernt und ohne den Rummel und die Hektik von Pattaya. Hotel- und Wohntürme sind auch hier am Strand hochgezogen, doch der ist weit und kann es verkraften. Bahnhof gepflegt und sehenswert.

RESTAURANTS

Lokale mit Fischspezialitäten finden sich am Hafen.

HOTELS

Royal Garden Resort
Schöne Anlage, direkt am breiten Strand gelegen. Bester Service, 224 Zi. *107/1 Phetkasem Road, Tel. (032) 51 18 81, Fax 51 24 22, Kategorie 2*

Sofitel Central
Ursprünglich das historische Eisenbahnhotel, Atmosphäre blieb erhalten. Strand sehr belebt, 170 Zi. *1 Damnern Road, Tel. 51 20 21, Fax 51 10 14, Kategorie 1*

SURAT THANI

(**B 10**) Die Stadt (38 000 Einwohner), 644 km von Bangkok entfernt, dient als Ausgangspunkt für schöne Ausflüge, zum Beispiel zur Insel *Ko Samui*. Regelmäßige Fährverbindungen bewältigen den Verkehr.

RESTAURANTS

Sola Rim Nam
Stelzenhaus über Ta-Pi-Fluß, *400 m vom Bahnhof, Kategorie 3*
Andere Lokale konzentrieren sich um den Fähranleger. Austern sind hier eine Spezialität.

HOTEL

Wang Tai
Erste Wahl. Angenehme 238 Zi. *1 Talat Mai Road, Tel. (0 77) 27 34 10, Fax 28 14 10, Kategorie 2*

AUSKUNFT

TAT Fremdenverkehrsamt
5 Talat Mai Road, Tel. (0 77) 28 18 28, Fax 28 28 28

KO SAMUI

(**B 10**) ✱ Die Insel zeichnet sich durch feinsandige Buchten und Unmengen von Kokospalmen aus.

RESTAURANTS

Strandlokale unter Palmen sorgen für das leibliche Wohl.

HOTELS

Boat House
Originell mit 36 Hausbooten, umfunktionierten Reisbarken, 180 Zi. *Chong Mon Beach, Tel. (077) 42 14 51, Kategorie 2*

Mandarin Baan Taling Ngam
Spitzenhotel, abgelegen im SO, 49 Zi. *42 Villen. 295 Moo 3, Taling Ngam, Tel. 42 30 19, Fax 48 32 20, Kategorie 1*

Unterkünfte der Kategorie 3 gibt es in großer Auswahl.

MARCO POLO TIPS FÜR DEN SÜDEN

1 Phang Nga Bucht
Besonders schöne, bezaubernde, einzigartige Inselwelt (Seite 86)

2 Perleninsel
Naga Noi Island im Nordosten von Phuket gibt Einblick in die Perlenzucht (Seite 85)

3 Heiße Quellen
Im *Hotel Jansom Thara Hot Spa Resort* in *Ranong* stammt das Wasser aus der nahen Thermalquelle (Seite 85)

4 Muschelfriedhof
Susan Hoi – eine halbe Stunde von Krabi.
In Jahrmillionen haben sich versteinerte Muscheln zu betonartigen Platten geformt (Seite 87)

5 Stierkämpfe
In den Arenen Südthailands kämpft Stier gegen Stier (Seite 83)

6 Songkhla Bucht
Fischerboote, kunstvoll verziert und bemalt (Seite 84)

AM ABEND

Nicht nur die Jugend trifft und vergnügt sich ab 22 Uhr in der großen Freiluft-Disko *Green Mango Club* und ab Mitternacht im *Reggae Pub* daneben. Beide an der *Chaweng Beach*

NAKHON SI THAMMARAT

(B 10) Die Nationalstraße 401 stellt die direkte Verbindung zwischen *Surat Thani* und *Nakhon Si Thammarat* her, einer sehr alten Stadt mit heute 68 000 Einwohnern, 774 km von Bangkok.

BESICHTIGUNGEN

Stierkämpfe
★ Am Wochenende kämpfen in der Arena Stiere gegeneinander. Das unterlegene Tier gibt auf. Es fließt kein Blut.

Wat Mahathat
Der bedeutendste der insgesamt 18 Tempel reicht in die Zeit vom 7. bis 12. Jahrhundert zurück. Einer der ältesten und meistverehrten Tempel Thailands. Der 77 Meter hohe Chedi ist an der Spitze mit 270 kg Gold verziert. Vorwiegend im Oktober, wenn viele Gläubige das Heiligtum besuchen, finden noch Schattenspiele, »Nang Thalung« statt.

MUSEEN

Nationalmuseum
Das im südlichen Teil der langgezogenen Stadt gelegene Museum zeigt Zeugnisse südthailändischer, überwiegend religiöser Kunst. *Mi–So, 9–16 Uhr*

Tempelmuseum
Neben dem Chedi des *Wat Mahathat* ist der Klosterschatz, eine Sammlung von Gold- und Silbergaben ausgestellt. *Mittags geschlossen.*

RESTAURANTS

In der Nähe des Bahnhofs und des Rathauses.

EINKAUFEN

Die Stadt ist wegen ihrer Silberschmiede und Spezialisten in der Fertigung von Niellowaren berühmt. Taschen aus Li Pao Gras, einer Lianenart, sind eine weitere Besonderheit.

HOTEL

Thai
Größtes Hotel am Ort in Bahnhofsnähe, 210 Zi. *1369–1375 Rajdamnoen Road, Tel. (0 75) 35 65 05, Kategorie 3*

SONGKHLA

(**B 11**) Die Straße von Nakhon Si Thammarat nach Songkhla, 161 km, führt auf der langen Landzunge entlang, welche die ausgedehnten und miteinander verbundenen Binnenseen *Thale Luang* und *Thale Sap* vom Meer trennt. Vor Songkhla haben sie ihren Ausgang zum Meer. Das administrative Zentrum Songkhla (70 000 Einwohner), gibt der Universität Südthailands seinen Namen. Die Fakultäten befinden sich aber in *Hat Yai* und *Pattani*. Der Stadt ist das Baufieber, welches das nur 27 km entfernte *Hat Yai* gepackt hat, erspart geblieben.

BESICHTIGUNGEN

Songkhla Bucht
★ Gegenüber dem Nordende der weiten Bucht liegen die Katzen- und Mausinseln, im Süden *Ban Kao*, eine Fischersiedlung, sehenswert wegen ihrer kunstvoll verzierten und bunt bemalten Fischerboote.

Wat Klaeng
Auch als Wat Machi Mawat und wegen interessanter Malereien bekannt.

MUSEEN

Nationalmuseum
Der 1878 erbaute, ehemalige Gouverneurspalast, ein schönes chinesisches Gebäude, beherbergt das Museum. *Mi–So 9 bis 16 Uhr*

Tempelmuseum
Ein kleines Museum befindet sich auch im Wat Klaeng. Hier werden Zeugnisse südthailändischer Kunst, alte Töpferwaren und Muschelkästen ausgestellt.

RESTAURANTS

Strandrestaurants servieren Meeresfrüchtespezialitäten zu erschwinglichen Preisen.

HOTEL

Samila Beach
Das attraktivste Hotel des Südens, zumindest was die Lage anbetrifft, 75 Zi. *1/11 Rajdamnern Road, Tel. (0 74) 31 13 10, Kategorie 2*

ZIELE IN DER UMGEBUNG

Hat Yai **(B 11)**
Einen sehr guten Blick auf Songkhla und Umgebung hat man vom Flugzeug aus, wenn es zur Landung in Hat Yai ansetzt. Die einzige Großstadt Südthailands

(120 000 Einwohner) liegt etwa 930 km südlich von Bangkok. Bars, Massagesalons haben Besucher aus dem angrenzenden Malaysia und aus Singapur als ihre Hauptkunden, die hier das freiere Nachtleben genießen. Die Zahl der Unterkünfte ist groß. *The Regency*, Modernes Hotel in der Stadtmitte, 210 Zi. 23 Prachathipad Straße, Tel. (0 74) 23 44 00, Fax 23 45 15, Kategorie 2

Tham Koo Ma Pimak (C 11–12)
In den süd- bis südöstlich von Songkhla und Hat Yai gelegenen Provinzen *Pattani, Yala* und *Narathiwat* treten Moscheen an die Stelle der Tempel. Bei Yala in der großen Höhle der Silpa-Höhlen, *Tham Koo Ha Pimak*, ist eine 25 m hohe Buddha-Statue zu sehen. Wallfahrtsort für die Thailänder.

RANONG

(A 10) Hafenstadt an der Westküste, 15 000 Einwohner, 120 km von Chumpon und nach der Straßenmarkierung 612 km von Bangkok entfernt, ist von chinesischen und portugiesischen Einflüssen geprägt. Sie ist bekannt für ihre heißen Quellen. Aus der Hauptquelle sprudeln pro Minute etwa 500 Liter Wasser.

HOTEL

Jansom Thara Hot Spa Resort
★ Die Wasserversorgung dieses außerordentlichen Hotels wird von Thermalquellen gespeist, die auch das Schwimmbad und die Wirbelbäder versorgen, 230 Zi. *Ranong 85000, 2/10 Petchkasem Road, Tel. (0 77) 81 15 10, Fax 82 18 21, Kategorie 2*

PHUKET

(A 11) Von Ranong bis Phuket sind es 300 landschaftlich sehr schöne Kilometer. Phuket ist durch die *Sarasani-Brücke* mit dem Festland verbunden. Die Insel ist 570 qkm groß und hat 160 000 Einwohner, von denen 80 000 in der Stadt leben.

BESICHTIGUNGEN

Khao Rang
Eine Anhöhe nördlich des Stadtzentrums bietet einen schönen Ausblick auf die Umgebung.

Meeresaquarium
Das Meeresbiologische Forschungszentrum unterhält an der Spitze des *Kaps Phanwa* ein großes, modernes Aquarium.

Perleninsel
★ *Naga Noi Island* vor der Nordostküste. 20 Minuten Bootsfahrt von *Ao Po*. Nach Einführung, Demonstration und Mittagessen verläßt man die Insel als Perlenexperte und, bei genügender Finanzkraft, auch als Perlenbesitzer. Ausflüge zur Insel werden für 450 Baht angeboten, einschließlich reichhaltigem Meeresfrüchteessen.

Seezigeuner
Im Dorfe *Chao Lay* am Strand von *Rawai* wohnen Seezigeuner in Palmenhütten. Sie haben sich an Besucher gewöhnt.

Thai Village
Kulturelle Veranstaltungen 2,5 km nördlich der Stadt an der Hauptstraße zum Flughafen, Vorführungen im *Amphitheater um 11 und 17.30 Uhr.*

RESTAURANTS

An den Stränden gibt es überall Eßlokale mit einheimischer Küche und Fischspezialitäten.

Kan Eang 1 & 2
Fischrestaurant am Strand der *Patong Bay, Kategorie 3*

Savoey Seafood
Empfehlenswert, *83/12 Taweewong Road, Patong Beach, Kategorie 2*

Thung Kafae
Auf der Anhöhe, die sich über Phuketstadt erhebt. *Auf dem Khao Rang, Kategorie 3*

EINKAUFEN

In Andenkenläden im Zentrum Phukets sind alle möglichen Kreationen aus Muscheln und Korallen, nicht immer geschmackvoll, zu haben, Zuchtperlen auch an der Quelle.

HOTELS

Die Bandbreite der Unterkünfte ist groß.

Andaman Beach Suite
Exzellente Lage zum Strand, großer Park, 81 Zi. *77/1 Taweewong Road, Patong Beach, Tel. 32 13 61, Fax 32 15 27, Kategorie 2*

Island Resort
Südspitze, hoteleigene Insel *Bon Island*, 336 Zi. 73/1 Rasda Road, Tel. 38 10 10, Fax 38 10 18, Kategorie 2

Le Meridien
In abgeschlossener Bucht, 470 Zi. *Karon Noi, Tel. 32 14 80, Fax 32 14 79, Kategorie 1*

Marina Cottage
Idyllische Blockhausanlage am Dschungelrand und Meer. *120/2 Kata-Karon Beach, Tel. 33 06 25, Fax 33 05 16, Kategorie 3*

Pearl Hotel
Im Zentrum das älteste internationale Hotel, 259 Zi. *42 Montri Straße, Tel. (0 76) 21 10 44, Fax (0 76) 21 29 11, Kategorie 2*

Pearl Village
Schönes Strandhotel im Norden am Nationalpark, 218 Zi. *Nai Yang Beach, Tel. 31 13 75, Fax 31 13 04, Kategorie 2*

AM ABEND

Das Nachtleben konzentriert sich an der *Patong Bucht* und ist auf dem besten Wege, Pattaya den Rang abzulaufen.

AUSKUNFT

Fremdenverkehrsamt
73–75 Phuket Road, Tel. (0 76) 21 22 13

ZIELE IN DER UMGEBUNG

Phang Nga Bucht (A 11)
★ Faszinierende Meeres- und Insellandschaft, bizarre Kalksteingebilde und smaragdgrüne See. Ausflug zum *Ko Ping Gan*, der »James Bond«-Insel. Drehort von »007 – Der Mann mit dem goldenen Colt«. Zwei Felswände in glattem Bruch lehnen gegeneinander. In der Bucht: *Ko Tapu*, die Nagelinsel. Im Fischerpfahldorf am *Ko Panyi* Mittagessen.

Phi Phi Inseln
Die Felseninseln *Phi Phi Don* und *Le*, mit Schwalbennesthöhle und

Felsmalereien, sind eigentlich ein Naturparadies. Sie werden allerdings stark beeinträchtigt durch Touristenmüll. Anfahrt auch von Krabi möglich.

KRABI

(A 11) Die Stadt lebt von ihrer unberührten, märchenhaft schönen Umgebung. Krabi ist 811 km von Bangkok und 185 km von Phuket entfernt.

RESTAURANT

Sala Koo Chai
Thai- und chinesische Küche. *Pattani Road, Kategorie 3*

HOTELS

Krabi Resort
Schönes Strandhotel, 95 Zi. *Ao Phra Nang, Tel. (0 75) 61 13 89, Kategorie 3*

Phi Phi Palm Beach Resort
Herrlich ruhige Insellage an NO-Küste, 80 Bungalows. *Tel. (0 76) 21 44 88, Fax 21 50 90 Kategorie 2*

ZIELE IN DER UMGEBUNG

Prinzessinnengrotte (A 11)
Von November bis April von Krabi mit dem Boot in einer Dreiviertelstunde zu erreichen, mit schönen Stalaktiten und Stalagmiten. Nach Erklimmen des Felsens blickt man auf eine verborgene Salzwasserlagune mit fast hundert Metern Durchmesser.

Susan Hoi-Muschelfriedhof (A 11)
★ Reise in die geologische Vergangenheit, 19 km von Krabi entfernt. Was auf den ersten Blick wie eine in unregelmäßige Stücke zerbrochene Betonrampe aussieht, die sich zum Meer neigt, ist in Wirklichkeit eine Serie von einem halben Meter dicken, geschichteten Platten aus fossilen Muscheln, die sich vor 75 Millionen Jahren gebildet haben.

Tarutao Nationalpark (B 11)
Der Hafen *Pak Bara* im Distrikt Langu der Provinz Satun, gut hundert Kilometer von Trang entfernt, im Süden an der Westküste, ist in den monsunfreien Monaten Dezember bis April Ausgangspunkt für einen Besuch des Meeresnationalparks von Tarutao. Er umfaßt 51 Inseln. Reguläre *Abfahrten um 9.30 und 14.00 Uhr.* Der Bergrücken der 25 km langen Hauptinsel, 18 km vom Festland entfernt, ist schon bei der Abfahrt erkennbar. Die Hauptverwaltung des Parks befindet sich im Nordwesten der Insel. Das Informationszentrum hilft dem Besucher bei der Entscheidung wie man den Aufenthalt am besten gestaltet, der Wahl der Unterkunft, der Trauminsel und -bucht und der Tauchgründe, die bis zu 50 km entfernt sein können. Die Inseln *Ko Adang* und *Ko Rawi* sind von Korallenriffen umgeben. Oktober bis April kommen Riesenschildkröten auf Ko Rawi an Land, um ihre Eier abzulegen.

Trang (B 11)
Die Hauptstadt der sich südöstlich anschließenden Provinz ist ein gepflegter Ort, 827 Straßen- und 845 Bahnkilometer von Bangkok entfernt. Sie hat 45 000 Einwohner. Kautschukproduktion ist die wirtschaftliche Basis.

Von Auskunft bis Zoll

Busverbindungen, Camping oder FKK. Wertvolle Tips, Ratschläge und Auskünfte für Ihre Reise

AUSKUNFT

Thailändisches Fremdenverkehrsbüro und Informationsamt
Bethmannstraße 58,
60311 Frankfurt/M,
Tel. 0 69/29 57 04, Fax 28 14 68

AUTO

Einreise nur über Malaysia mit Carnet de Passage und internationaler Zulassung bis zu 180 Tagen. Achtung hier Linksverkehr.

Automobile Association of Thailand
Information und Betreuung.
151 Soi Aphaisongkram,
Paholyothin Road, Bangkok,
Tel. 5 11 23 30–1

BAHN

Verläßlicher Partner bei Reisen in Thailand ist die vorbildlich geführte Eisenbahn, sie hat drei Wagenklassen.

Die Nordlinie verbindet Bangkok mit Chiang Mai, die Nordwestlinie die Hauptstadt mit Ubon Ratchathani und Nong Khai (Überfahrt nach Laos), die Ostlinie führt von Bangkok nach Aranyaprathet und die Südlinie nach Hat Yai, Malaysia und Singapur. Die Nebenstrecke von Thonburi nach Nam Tok ist Teilstück der während des Zweiten Weltkriegs gebauten »Todesbahn« nach Birma.

Hauptbahnhof Bangkok
Reservierungen:
Mo–Fr 8.30–18, Sa und So 8.30 bis 12 Uhr, Information Tel. (02) 2 23 70 10

BANKEN

Reiseschecks in Hartwährungen werden kursgünstig in Banken eingewechselt.
Mo–Fr 8.30–15.30 Uhr, Wechselschalter bis 21 Uhr
Deutsche Bank, 21 Sathorn Tai, und Thai Farmers Bank in Bangkok lösen Euroschecks in begrenzter Zahl ein. Kurse in Hotels ungünstiger. Kreditkarten werden in Hotels, führenden Restaurants und Kaufhäusern akzeptiert.

BERGWANDERN

Agenturen organisieren Wanderungen durch die Bergwelt. Touren auf eigene Faust oder mit unregistrierten Führern sind mit Risiken behaftet.

Hilltribe Education Centre
620/25 Thanalai Road, Chiang Rai, Tel. (0 53) 71 34 10

BOTSCHAFTEN

Deutsche Botschaft
9 Sathorn Tai Road,
Tel. 213 23 31-6

Österreichische Botschaft
14 Soi Nantha, Sathorn Tai, Road
Tel. 286 30 11

Schweizer Botschaft
35 Withayu Road,
Tel. 2 53 01 56

Vertretungen Thailands für die Visabeschaffung

Botschaften
Ubierstraße 65, 53173 Bonn, Tel. 02 28/35 50 65
Eigerstraße 60, CH-3007 Bern,
Tel. 0 31/46 22 81, 46 22 82
Weimarer Str. 68, A-1180 Wien
Tel. 02 22/3 10 34 23, 3 10 16 30

Generalkonsulat
Podbielskiallee 1, 14195 Berlin
Tel. 0 30/8 31 27 15

Honorargeneralkonsulate
Königsallee 27, 40212 Düsseldorf,
Tel. 02 11/8 38 22 47
Roßmarkt 14, 60311 Frankfurt
Tel. 0 69/2 01 10
20 Rue Senebier, CH-1205 Geneva
Tel. 0 22/7 81 33 66, 29 46 66
An der Alster 85, 20099 Hamburg,
Tel. 0 40/2 48 39–1 18
Prinzenstraße 13, 80639 München
Tel. 0 89/1 68 97 88
City-Haus, Talacker 50, CH-8001 Zürich, Tel. 01/2 21 70 25

Honorarkonsulate
St. Alban-Graben 8 CH-4051 Basel Tel. 0 61/22 68 67
Bahnhofstr. 28 A-6850 Dornbirn
Tel. 0 55 72/6 56 14
Boznerplatz 2, A-6020 Innsbruck
Tel. 9 95/58 04 61
Arenbergstr. 2, A-5020 Salzburg
Tel. 9 96/64 65 66

BUSSE

Klimatisierte Überlandbusse verbinden Bangkok direkt mit allen wichtigen Provinzstädten und diese untereinander. Drei Busstationen in Bangkok.

Northern Bus Terminal für Nord- und Nordwestthailand
Paholyothin Road,
Tel. (02) 2 79 44 84–7

Eastern Bus Terminal für die Ostküste
Ekamai, Sukhumvit, Tel. (02) 3 91 33 01

Southern Bus Terminal für Südthailand
Charoen Sanit Wong Road Thonburi,
Tel. (02) 4 11 49 78–9

FOTOGRAFIEREN

Beim Ablichten von Personen ist Takt geboten. Keine Beschränkungen, die anderen lohnenden Motive einzufangen. Farbnegativ- und Diafilme und ihre Entwicklung sind preiswert. Filmmaterial sollte man mitbringen.

GELD

Währungseinheit ist der Baht zu 100 Satang. Münzen gibt es in Werten von 25 und 50 Satang, 1, 2 und 5 Baht, Banknoten von 10 (braun), 20 (grün), 50 (blau), 100 (rot) und 500 (violett) Baht.

GESUNDHEIT

Impfungen sind nicht nachzuweisen. Krankenhäuser haben internationalen Standard. Nach Behandlung erhält man dort die verordnete Medizin und begleicht danach Honorar und Kosten sofort. Apotheken führen alle gängigen Medikamente. Kliniken in der Nähe der Vergnügungszentren haben sich auf die Behandlung von Geschlechtskrankheiten spezialisiert.

INLANDSFLÜGE/FÄHREN

Thai Airways International
bedient auch die Provinzstädte. *89 Vibhavadi Rangsit Road, Bangkok 10900, Tel. (06 62) 5 13 01 21, Fax 5 12 21 30*
485 Silom Road, Bangkok 10500 Tel. (02) 2 34 31 00-19, Inland: 2 80 00 70, 2 80 00 90, 2 80 01 10

Bangkok Airways
fliegt neunmal täglich nach Ko Samui (45 Min.). *140 First Pacific Building, Sukhumvit, Bangkok 10110 Tel. 2 53 89 42-6, Fax 2 53 40 05 Queen Siriki/National Convention Centre, Tel. 2 29 34 56, Fax 2 29 34 54*

Schiffs- und Fährverbindungen gibt es nach Ko Samui und zu den Pattaya, Phuket, Krabi und anderen vorgelagerten Inseln.

Songserm Express Boats
Bangkok: 121/7 Sri Salermla, Phyathai Road, Tel. (02) 25 00 76 68
Surat Thani: 295/8 Talad Kaset 2, Tel. (0 77) 27 29 28
Ko Samui: 64/1–2 Na-thon Pier, Chonvithi Road, Tel. (0 77) 42 12 28
Phuket: 64/2 Rassada Road, Tel. (0 76) 21 68 20
Krabi: 22 Kongkaa Road, Tel. (0 75) 61 23 14

JUGENDHERBERGEN

Zum Internationalen Verband der Jugendherbergen gehören:

Bangkok Youth Hostel
25/2 Phitsanulok Road, See Soa Theves, Dusit, Bangkok 10300, Tel. (02) 2 82 09 50, 2 81 03 61

Chiang Mai Youth Hostel
Chang Pauk, 31 Phra Pok Klao Road, Soi 3, Chiang Mai 50000, Tel. (0 53) 21 28 63

Chiang Rai Youth Hostel
Mae Kok Villa, 445 Sighakai Road, Chiang Rai 57000, Tel. (0 53) 77 17 86

Phitsanulok Youth Hostel
38 Sanam Bin Road, beim Flughafen, Phitsanulok 65000, Tel. (0 55) 24 20 60

Kanchanaburi Youth Hostel
River Kwai Farm, Krabi, Phi Phi Youth Hostel, Charlie Beach Resort, Phi Phi Island

LEIHWAGEN

Große Autoverleihfirmen haben ihre Niederlassungen in Bangkok und Chiang Mai und sind in führenden Hotels der Touristikzentren vertreten.

Avis
2/12 Wireless Road, Bangkok Tel. (02) 255 53 00, Fax 253 37 34, Chiang Mai Tel. (054) 22 20 13

Chiang Rai Tel. (054) 71 57 77
Hat Yai (074) 23 43 00
Hua Hin (032) 52 00 08
Ko Samui (077) 42 13 91
Pattaya (038) 42 99 01
Phuket (076) 32 14 80

Hertz
Chiang Mai 50100, 90 Sridonchai Road, Tel. 27 94 74, Fax 27 94 75
Bangkok, Tel. (02) 25 75 75
Lokale Leihfirmen, auch für Motorräder und Geländewagen, findet man überall.

ÖFFENTLICHE VERKEHRSMITTEL

Ein dichtes Netz von Buslinien überzieht Bangkok. Die Benutzung erfordert Ortskenntnisse, eine Portion Abenteuerlust und Vorsicht wegen der Taschendiebe. Ein Stadtplan mit eingezeichneten Buslinien ist eine große Hilfe. Empfehlenswert ist die Benutzung von Taxis. Es sind japanische Mittelklassewagen, klimatisiert und preiswert. Die meisten haben Taxameter. Bei älteren muß der Preis noch vor Fahrtantritt ausgehandelt werden, auch bei den Samlors, Motorroller-Dreirädern mit Sitzbank hinten für zwei bis drei Personen. Wegen der Geräusche des Zweitaktmotors auch Tuktuk genannt. In der Provinz sind die in Bangkok verbotenen unmotorisierten Samlors, Fahrradkutschen bzw. -rikschas ein vertrautes Bild. Songthaew, zur Personenbeförderung hergerichtete Lieferwagen mit Sitzbänken an den Seiten, verkehren überall im Lande, auch in den bekannten Badeorten im Linienverkehr oder als Sammeltaxis.

ÖFFNUNGSZEITEN

Behörden haben von Mo–Fr, 8.30–16 Uhr geöffnet, Kaufhäuser täglich von 10 bis 19 Uhr, Läden und Märkte noch länger, der Sonntagsmarkt in Bangkok am Wochenende und der Nachtmarkt in Chiang Mai ab 18 Uhr.

PASS/VISUM

Aufenthalt ohne Visum bis zu 30 Tagen. Mindestgültigkeit des Passes sechs Monate. Touristvisa (DM 30,–), berechtigen zu einem Aufenthalt von 60 und Non-Immigrant-Visa (DM 50,–) plus Firmenbestätigung von 90 Tagen. Maximal drei Einreisen pro Jahr.

In Thailand immer noch üblich: die Fahrrad-Rikscha

Das Verkehrsvergehen

Der Farang, Ausländer, hat angeblich die Verkehrsregeln gröblich verletzt. Die Polizei hält ihn an und macht ihn mit freundlichem Lächeln darauf aufmerksam. Er muß zur Wache. Ein Hüter des Gesetzes steigt ein. Kaum ist der Wagen um die Ecke gebogen, kommt die Frage: »Was zahlen Sie?« »200 Baht!« Zwei Scheine wechseln den Besitzer. Die Sache ist aus der Welt. Der Begleiter steigt aus, salutiert und wünscht gute Fahrt.

PARKHÄUSER

Große Kaufhäuser in Bangkok verfügen über Parkhäuser. Ansonsten sind Parkmöglichkeiten begrenzt.

POST

Postämter gibt es auch an kleinen Orten. Ein Luftpostbrief nach Europa kostet 15 Baht und eine -karte acht Baht. Man kann die Sendung dem Postbeamten vorlegen und die Briefmarken entwerten lassen.
Ein Drei-Minuten Gespräch nach Deutschland kostet 280 Baht.
General Post Office, G. P. O. New Road, Bangkok, Mo–Fr 8–18 Uhr. In der Provinz bis 16.30 Uhr. Sa und So 9 bis 13 Uhr

REISEZEIT

November bis Februar sind die angenehmsten Monate. Von Mai bis Oktober herrscht an der West- und von Oktober bis April an der Ostküste der Monsun.

STROMSPANNUNG

220 Volt, 50 Hertz. Steckdosen häufig nur für Flachstecker geeignet.

TIERE

Für Hund und Katze ist bei der Einreise eine Impfbescheinigung vorzulegen.

TOURISTENPOLIZEI

Hilfe für Besucher, die in Schwierigkeiten geraten, Opfer eines Diebstahls, Überfalls werden, leistet die Touristenpolizei.
Bangkok, Tel. (02) 2 21 62 06–10, 2 53 95 60
Flughafen 5 35 16 41
Chiang Mai (0 53) 22 29 77
Kanchanaburi (0 34) 51 27 95
Pattaya (0 38) 42 93 71
Hat Yai (0 74) 24 67 33
Ko Samui (0 77) 42 12 81
Phuket (0 76) 21 22 13

TRINKGELD

Das Zahlen von Trinkgeld ist nur für besondere Dienstleistungen üblich. Der Hotelboy, der das Gepäck zum Zimmer schafft, erhält zehn Baht. Im Restaurant ist das Bedienungsgeld bereits in der Rechnung enthalten. Man läßt die Münzen auf dem Tablett zurück.

ZEITUNGEN

An Urlaubsorten sind deutsche Zeitschriften und Zeitungen erhältlich. Neueste deutsche Tageszeitungen liegen aus im

Goethe-Institut Bangkok
18/1 Soi Attakarn Prasit Bangkok 10120, Tel. (02) 2 86 82 16–8
Mo–Do 10–17, Fr 8–14, Sa 8 bis 13 Uhr

ZOLL

Devisen können unbegrenzt eingeführt werden. Übersteigt der Wert 10 000 Dollar, ist eine Deklaration erforderlich. Die Mitnahme eines Fotoapparats, einer Film- oder Videokamera, Filmen, 200 Zigaretten, 1 l Spirituosen und Wein sind erlaubt. Verboten ist die Einfuhr von Schußwaffen, Drogen und pornographischen Filmen und Büchern. Der Export von Buddha-Bildnissen ist nicht gestattet. Bei der Ausreise ist eine Gebühr von 200 Baht zu entrichten.

WETTER IN BANGKOK

Die monatlichen Durchschnittswerte im Überblick

	Jan.	Feb.	März	April	Mai	Juni	Juli	Aug.	Sept.	Okt.	Nov.	Dez.
Tagestemperaturen in °C	32	33	34	35	34	33	32	32	32	31	31	31
Nachttemperaturen in °C	20	23	24	26	25	25	25	24	24	24	23	20
Sonnenschein Std./Tag	8	8	8	10	8	6	5	5	5	6	7	8
Niederschlag Tage/Monat	1	2	3	4	13	14	15	15	17	13	4	1
Wassertemperaturen in °C	26	27	27	28	28	28	28	28	28	27	27	27

Bloß nicht!

Wichtige Gefahrenquellen, die Sie während der Reise im Hinterkopf behalten sollten

Buddha-Bildnisse und Tempelbesuche
Bildnisse Buddhas, klein oder groß, sind heilig. Entweihungen werden bestraft. Auf keinen Fall eine Buddha-Statue besteigen, um womöglich von sich ein Foto machen zu lassen! Unkorrekte und nicht ausreichende Kleidung beim Besuch eines Tempels sind verpönt, ebenso Schuhe. Frauen dürfen buddhistische Mönche nicht berühren oder ihnen Gaben direkt überreichen.

Drogen
Um dem Drogenproblem zu begegnen, verhängt die thailändische Regierung bei Vergehen gegen die Drogengesetze drakonische Strafen. Personen, die Heroin oder Opium zum Verbrauch, Im- oder Export bei sich führen, müssen mit einer harten Verurteilung rechnen. Schon der Besitz von 100 g wird mit Freiheitsentzug von fünf Jahren geahndet. Besucher sollten sich der Drogenszene fernhalten und auf keinen Fall für Unbekannte Päckchen mitnehmen oder aufbewahren. Für eine unfreiwillige, erhebliche Verlängerung des Verbleibs ist ein thailändisches Gefängnis kein angenehmer Aufenthaltsort.

Edelstein-Imitate
Am belebten Strand müssen Sie damit rechnen, von fliegenden Händlern gestört zu werden, die sich neben Sie hocken und Souvenirs aller Art, Getränke und Eßwaren offerieren. Kräftige Frauen bieten Massagen an Ort und Stelle an. Junge Männer öffnen geheimnisvoll eine Blechschachtel mit »Edelsteinen«, die verführerisch funkeln. Über den Preis lassen sie mit sich reden, denn die Steine sind garantiert nicht echt. In Mae Sai sind auf dem Markt Edelsteine und Schmuck ausgestellt, die aus Myanmar, Birma, stammen. Wer hier einkauft, kann das Risiko eingehen, ein synthetisches Produkt zu erstehen.

Speisekarte ohne Preisangabe
Einige wenige, zumeist schäbigere Lokale legen Speisekarten ohne Preisangabe vor. Hier ist Vorsicht geboten! Zögern Sie nicht, ein anderes Restaurant aufzusuchen. Bleiben Sie, lassen Sie sich die Kosten nennen, die Ihnen bei der Bestellung der Gerichte und der Zubereitung der ausgesuchten Fische entstehen. Wenn Sie das versäumen, können Sie Ihr blaues Wunder erleben. Lautes Protestieren hilft nichts.

In diesem Register sind alle erwähnten Orte, Städte, Paläste, Tempel und Heiligtümer verzeichnet.

Orte/Städte

Paläste/Tempel/ Heiligtümer

Was bekomme ich für mein Geld?

Die thailändische Währung, der Baht, steht zur DM etwa im Verhältnis 15: 1. Für den Eintritt zum Großen Palast sind 120 Baht und zum Wat Po und Goldenen Buddha jeweils 10 Baht zu zahlen. Ein Abendessen mit klassischem Tanz in Bangkok kostet 350 Baht, ein Khantoke Dinner mit Kulturprogramm in Chiang Mai 200 Baht. Der Mindestbetrag für einen oben mit »Taxi Meter« gekennzeichneten Mietwagen in Bangkok ist 35 Baht für 2 km, 49 Baht für 5 km, 71 Baht für 11 km. Wenn die Fahrzeit von einer Stunde für 6 km überschritten wird, was in Bangkok häufig der Fall ist, kommen automatisch 2 Baht pro Minute hinzu. Bei anderen Taxis ist der Preis vorher auszuhandeln! Porto für eine Karte nach Europa beträgt 9 Baht, für einen Luftpostbrief bis 10 g 14 Baht. Im Restaurant werden 30 Baht für eine Tasse Kaffee, 35 bis 50 Baht für ein kleines und 60 bis 85 Baht für ein großes Bier verlangt. Die Bahnfahrt von Bangkok nach Ayuthaya (71 km) in der 2. Klasse kostet 51 Baht, Nam Tok (210 km) 100 Baht, nach Phitsanulok (389 km) 223 Baht, Chiang Mai (751 km) mit Liegeplatz 505–555 Baht, in der 1. Klasse 1087 Baht, Surat Thani (651 km) mit Liegeplatz in der 2. Klasse 504 bzw. 454 Baht. Eine Tagesfahrt mit Bus und Luxusschiff »Oriental Queen« nach Ayuthaya kostet 1100 Baht.

DM	Baht	Baht	DM
1	14,50	10	0,69
2	29,00	25	1,71
3	43,50	50	3,43
4	58,00	75	5,14
5	72,50	100	6,85
10	145,00	150	10,28
20	290,00	200	13,70
30	435,00	250	17,13
40	580,00	500	34,25
50	725,00	750	51,38
60	870,00	1.000	68,50
70	1015,00	1.250	85,63
80	1160,00	1.500	102,75
90	1305,00	2.000	137,00
100	1450,00	2.500	171,25
200	2900,00	5.000	342,50
300	4350,00	7.500	513,75
500	7250,00	10.000	685,00
750	10875,00	15.000	1027,50
1.000	14500,00	20.000	1370,00

Sprechen und Verstehen ganz einfach

Zur Erleichterung der Aussprache sind alle thailändischen Wörter mit einer einfachen Aussprache (in der mittleren Spalte) versehen. […] ist die Form für weibliche Sprechende.

AUF EINEN BLICK

Ja.	krap *[ka]*/ tschai.	*ครับ [ค่ะ]* /ใช่.
Nein.	mai *krap [ka]*/ mai tschai.	ไม่ *ครับ [ค่ะ]* /ไม่ใช่.
Vielleicht.	baang thii.	บางที.
Bitte.	koo … noi.	ขอ ... หน่อย.
Danke.	koopkun.	ขอบคุณ.
Vielen Dank!	koopkun maak!	ขอบคุณมาก !
Gern geschehen.	duai kwaam jindii.	ด้วยความยืนดี.
Entschuldigung!	koo thoot!	ขอโทษ !
Wie bitte?	arai *krap [ka]*?	อะไร *ครับ [คะ]* ?
Ich verstehe Sie/dich nicht.	*phom [di-tschan]* mai kau dschai thi kun phuut.	*ผม [ดีฉัน]* ไม่เข้าาจที่คุณพูด.
Ich spreche nur wenig …	*phom [di-tschan]* phuut … dai nit noi thau nan.	*ผม [ดีฉัน]* พูด ... ได้นีดหน่อย เท่านั้น.
Können Sie mir bitte helfen?	garuna tschuai *phom [di-tschan]* noi dai mai *krap [ka]*?	กรุณาช่วย *ผม [ดีฉัน]* หน่อยได้ ไหม ครับ *[คะ]* ?
Ich möchte …	*phom [di-tschan]* jaak dscha…	*ผม [ดีฉัน]* อยากจะ ...
Das gefällt mir (nicht).	*phom [di-tschan]* mai tschoop.	*ผม [ดีฉัน]* ไม่ชอบ.
Haben Sie …?	kun mii … mai?	คุณมี ... ไหม ?
Wieviel kostet es?	ni raakaa thau rai?	นี่ ราคาเท่าไหร่ ?
Wieviel Uhr ist es?	gii mong lääo?	กี่มงแล้ว ?

KENNENLERNEN

Guten Morgen!/Guten Tag!/Guten Abend!	sawatdii *krap [ka]* !	สวัสดี ครับ *[ค่ะ]* !
Hallo! Grüß dich!	sawatdii *krap [ka]* !	สวัสดี ครับ *[ค่ะ]* !
Mein Name ist …	*phom [di-tschan]* tschüü …	*ผม [ดีฉัน]* ชื่อ ...
Wie ist Ihr/dein Name?	kun tschüü arai *krap [ka]* ?	คุณชื่ออะไร *ครับ [คะ]* ?
Wie geht es Ihnen/dir?	kun sa-bai dii rüü *krap [ka]* ?	คุณสบายดีหรือ *ครับ [คะ]* ?
Danke. Und Ihnen/dir?	koopkun *krap [ka]* lääo kun la ?	ขอบคุณ *ครับ [ค่ะ]* แล้วคุณล่ะ ?
Auf Wiedersehen!/Tschüß!	sawatdii !	สวัสดี !
Bis bald!	läo phop gan mai !	แล้วพบกันาหม่ !
Bis morgen!	phrung nii phop gan mai !	พรุ่งนี้พบกันาหม่ !

Auskunft

links/rechts	saai/kwaa	ซ้าย/ขวา
geradeaus	trong pai	ตรงไป
nah/weit	glai/glai	ใกล้/ไกล
Bitte, wo ist …?	koo thoot *krap [ka]* … juu thi nai ?	ขอโทษ *ครับ [ค่ะ]* … อยู่ที่ไหน ?
Hauptbahnhof	sathaanii rot fai	สถานีรถไฟ
Busbahnhof	sathaanii kon song	สถานีขนส่ง
Flughafen	sanaam bin	สนามบิน
Wie weit ist das?	juu glai kää nai ?	อยู่ไกลแค่ไหน ?
Ich möchte … mieten.	phom [di-tschan] koo tschau	*ผม [ดีฉัน]* ขอเช่า …
… ein Auto	… rot jon	… รถยนต์
… ein Fahrrad	… rot dschak-gra-jaan	… รถจักรยาน
… einen Motorroller	… rot moo-töö-sai	… รถมอเตอร์ไซค์

Panne

Ich habe eine Panne.	rot *phom [di-tschan]* sia.	รถ *ผม [ดีฉัน]* เสีย.
Würden Sie mir bitte einen Abschleppwagen schicken?	kun tschuai song rot laak maa hai noi dai mai ?	คุณช่วยส่งรถลำกมำาห้หน่อย ได้ไหม ?
Wo ist hier in der Nähe eine Werkstatt?	uu soom rot glai glai nii juu thi nai ?	อู่ซ่อมรถใกล้ๆนี้ อยู่ที่ไหน ?

Tankstelle

Wo ist die nächste Tankstelle?	pam naamman thi glai thi sut juu thi nai ?	ปั๊มน้ำมันที่ใกล้ที่สุดอยู่ที่ไหน?
Ich möchte … Liter …	tschuai tööm … hai noi au … *(Zahl)* lit .	ช่วยเติม … ให้หน่อย เอา … ลิตร.
… Normalbenzin.	… bensin thammadaa	… เบนซินธรรมดำ
… Super.	… suppö	… ซุปเปอร์
… Diesel.	… diisel	… ดีเซล
… bleifrei/verbleit.	… rai san ta-gua/phasom san ta-gua	… ไร้สารตะกั่ว/ ผสมสารตะกั่ว
Volltanken bitte.	tööm tem thang *kap [ka]*.	เติมเต็มถัง *ครับ [ค่ะ]*.

Unfall

Hilfe!	tschuai duai!	ช่วยด้วย !
Achtung!/Vorsicht!	rawang!	ระวัง !
Rufen Sie bitte …	tschuai thoo riak … hai noi.	ช่วยโทรเรียก … ให้หน่อย.
… einen Krankenwagen.	… rot pha-ja-ban	… รถพยาบาล
… die Polizei.	… tamruat	… ตำรวจ
… die Feuerwehr.	… dap phlöng	… ดับเพลิง
Es war meine Schuld.	pen kwaam phit koong phom [di-dschan].	เป็นความผิดของ ผม *[ดีฉัน]*.
Es war Ihre Schuld.	pen kwaam phit koong kun.	เป็นความผิดของคุณ.
Geben Sie mir bitte Ihren Namen und Ihre Anschrift.	koo tschüü lä thi-juu koong kun hai *phom [di-tschan]* duai.	ขอชื่อและที่อยู่ของคุณาห้ ผม *[ดีฉัน]* ด้วย.

ESSEN / UNTERHALTUNG

Wo gibt es hier …	thääo nii mii … thi nai baang?	แถวนี้ มี ... ที่ไหนบ้าง ?
… ein gutes Restaurant?	… raan aa-haan dii dii	... ร้านอำหารดีๆ
… ein typisches Restaurant?	… raan aa-haan phüün baan	... ร้านอำหารพื้นบ้าน
… ein nicht zu teures Restaurant?	… raan aa-haan thi mai pääng nak	... ร้านอาหารที่ไม่แพงนัก
Gibt es hier eine gemütliche Kneipe?	thääo nii mii thi nang düüm thi mii ban-ja-gaat sabaai sabaai mai?	แถวนี้มีที่นั่งดื่มที่มีบรรยากาศสบายๆไหม ?
Reservieren Sie uns bitte für heute abend einen Tisch für 4 Personen.	khun tschuaj dschoong to si kon samrap jen wan nii hai rau noi.	คุณช่วยจองโต๊ะสี่คนสำหรับเย็นวัน นี้ ให้เราหน่อย.
Auf Ihr Wohl!	koo düüm phüa kun!	ขอดื่มเพื่อคุณ !
Bezahlen, bitte.	gep ngön krap [ka].	เก็บเงิน ครับ [ค่ะ].
Haben Sie einen Veranstaltungskalender?	kun mii patithin raaikaan sing thi naa tschom mai?	คุณมีปฏิทินรายการสิ่งที่น่าชมไหม ?

EINKAUFEN

Wo finde ich …?	… juu thi nai?	... อยู่ที่ไหน ?
Apotheke	raan kaai jaa	ร้านขายยา
Bäckerei	raan kanom pang	ร้านขนมปัง
Fotoartikel	raan uppagoon thaai ruup	ร้านอุปกรณ์ถ่ายรูป
Kaufhaus	haang sappha-sinkaa	ห้างสรรพสินค้า
Lebensmittelgeschäft	raan kaai khoong-tscham	ร้านขายของชำ
Markt	talat	ตลาด

ÜBERNACHTUNG

Können Sie mir bitte … empfehlen?	kun tschuai nä-nam … hai *phom [di-tschan]* noi dai mai?	คุณช่วยแนะนำ ... ให้ ผม *[ดีฉัน]* หน่อยได้ไหม ?
… ein Hotel	… roongrääm	... โรงแรม
… eine Pension	… geshaus	... เกสท์เฮาส์
Ich habe bei Ihnen ein Zimmer reserviert.	*phom [di-tschan]* dschoong hoong thi kun wai nüng hoong.	ผม [ดีฉัน] จองห้องที่คุณไว้หนึ่ง ห้อง.
Haben Sie noch Zimmer frei?	kun jang mii hoong waang mai?	คุณยังมี ห้อง ว่างไหม ?
ein Einzelzimmer	hoong diao	ห้องเดี่ยว
ein Doppelzimmer	hoong kuu	ห้องคู่
mit Dusche/Bad	thi mii hoongnaam fakbua/aang-aap-naam	ที่มีห้องน้ำ ฝักบัว/อ่างอาบ น้ำ
für eine Nacht	samrap küün nüng	สำหรับคืนหนึ่ง
für eine Woche	samrap aa-thit nüng	สำหรับอาทีตย์หนึ่ง
Was kostet das Zimmer mit …	hoong phroom … raakaa thau rai?	ห้องพร้อม ... ราคาเท่าไร ?
… Frühstück?	… aa-haan tschau	... อาหารเช้า
… Halbpension?	… aa-haan tschau lä aa-haan iik müü	... อาหารเช้าและอาหารอีกมื้อ

PRAKTISCHE INFORMATIONEN

Arzt

Können Sie mir einen guten Arzt empfehlen?	kun tschuai nä-nam moo thi geng hai *phom [di-tschan]* noi dai mai?	คุณช่วยแนะนำหมอที่เก่งาห้ ผม *[ดีฉัน]* หน่อยได้ไหม?
Ich habe hier Schmerzen.	phom *[di-tschan]* dschep trong nii .	ผม *[ดีฉัน]* เจ็บตรงนี้.

Bank

Wo ist hier bitte …	thääo nii mii … juu thi nai?	แถวนี้ มี ... อยู่ที่ไหน ?
… eine Bank?	… tha-na-kaan	... ธนาคาร
… eine Wechselstube?	… thi lääk ngön traa taang prathet	... ที่แลกเงินตราต่างประเทศ
Ich möchte … DM (Schilling, Schweizer Franken) in Baht wechseln.	*phom [di-tschan]* koo lääk ngön … maak (tschinling, frang sawis) pen ngön baat.	ผม [ดีฉัน] ขอแลกเงิน ... มาร์ค (ชีลลิ่ง, ฟรังสวิส) เป็นเงินบาท.

Post

Was kostet …	kaa song … thau rai?	ค่าส่ง ... เท่าไหร่ ?
… ein Brief	… dschotmai tscha-bap la	... จดหมายฉบับละ
… eine Postkarte	… postgat phään la	... โปสการ์ดแผ่นละ

Zahlen

0	suun	๐/ศูนย์	19	sip gau	๑๙/สีบเก้า
1	nüng	๑/หนึ่ง	20	jii sip	๒๐/ยี่สีบ
2	soong	๒/สอง	21	jii sip et	๒๑/ยี่สีบเอ็ด
3	saam	๓/สาม	30	saam sip	๓๐/สามสีบ
4	sii	๔/ส	40	sii sip	๔๐/สี่สีบ
5	haa	๕ห้า	50	haa sip	๕๐/ห้าสีบ
6	hok	๖/หก	60	hog sip	๖๐/หกสีบ
7	dschet	๗/เจ็ด	70	dschet sip	๗๐/เจ็ดสีบ
8	päät	๘/แปด	80	päät sip	๘๐/แปดสีบ
9	gau	๙/เก้า	90	gau sip	๙๐/เก้าสีบ
10	sip	๑๐/สีบ	100	(nüng) rooi	๑๐๐/(หนึ่ง) ร้อย
11	sip et	๑๑/สีบเอ็ด	101	rooi et	๑๐๑/ร้อยเอ็ด
12	sip soong	๑๒/สีบสอง	200	soong rooi	๒๐๐/สองร้อย
13	sip saam	๑๓/สีบสาม	1.000	(nüng) phan	๑,๐๐๐/(หนึ่ง) พัน
14	sip sii	๑๔/สีบสี่	2.000	soong phan	๒,๐๐๐/สองพัน
15	sip haa	๑๕/สีบห้า	10.000	(nüng) müün	๑๐,๐๐๐/(หนึ่ง) หมื่น
16	sip hog	๑๖/สีบหก			
17	sip dschet	๑๗/สีบเจ็ด	1/2	krüng	๑/๒/ครึ่ง
18	sip päät	๑๘/สีบแปด	1/4	nüng suan sii	๑/๔/หนึ่งส่วนสี่

รายการอาหาร
Speisekarte

อาหารเช้า — FRÜHSTÜCK

กาแฟดำ	gaafää dam	Kaffee
กาแฟ าส่ นม/น้ำตาล	gaafää sai nom/naamtaan	mit Milch/Zucker
กาแฟไม่มีคเฟอีน	gaafää mai mii koofee-iin	koffeinfreier Kaffee
ชา าส่ นม/น้ำตาล/มะนาว	tschaa sai nom/ naamtaan/manaao	Tee mit Milch/ Zucker/Zitrone
โกโก้	googo	Kakao
น้ำผลไม้	naam phonlamaai	Fruchtsaft
ไข่ต้มยางมะตูม	kai tom jaang matuum	weiches Ei
ไข่กวน	kai guan	Rühreier
ไข่ดาว เบคอน	kaidaao beekon	Spiegelei mit Speck
ขนมปัง	kanom pang	Brot
เนย	nööi	Butter
เนยแข็ง	nööi käng	Käse
ไส้กรอก	sai grook	Wurst
หมูแฮม	muu hääm	Schinken
น้ำผึ้ง/แยม	naam phüng/jääm	Honig/Marmelade
โยเกิร์ต	joo-göt	Yoghurt
ผลไม้	phonlamaai	Obst
ข้าวต้ม ไก่/กุ้ง/ปลา/หมู	kaao tom gai/gung/ plaa/muu	Reissuppe mit Hühner- fleisch/ Krabben/Fisch/ Schweinefleisch
โจ๊ก ไก่ /หมู (ใส่ไข่)	dschook gai/muu (sai kai)	Reisbrei mit Hühner-/ Schweinefleisch (mit Ei)

เนื้อ และสัตว์ปีก — FLEISCH UND GEFLÜGEL

เนื้อ(วัว)	nüa (wua)	Rindfleisch
เนื้อหมู	nüa muu	Schweinefleisch
เนื้อแกะ	nüa gä	Lamm-/Hammelfleisch
สเต็ค	satek	Steak
เนื้อทอด	nüa thoot	in der Pfanne gebratenes Rindfleisch
เนื้อเค็ม	nüa kem	gepökeltes/gesalztes, in Luft getrocknetes Rindfleisch
ไก่	gai	Hähnchen/Hühnerfleisch
เป็ด	pet	Ente
ห่าน	haan	Gans
ไก่/หมู/เนื้อ/เป็ด/ห่าน ย่าง	gai/muu/nüa/pet/ haan jaang	gegrillte/s Hähnchen/Schweine-/ Rindfleisch/Ente/Gans
เป็ด/ห่าน พะโล้	pet/haan phaloo	gekochte Ente/Gans in Fünferlei-Gewürz-Sauce
ไก่ผัดเม็ดมะม่วงหิมพานต	gai phat met mamuang himmaphaan	sautiertes Hühnerfleisch mit Cashewnüssen

อาหารไทย — NATIONALGERICHTE

ข้าว — Reisgerichte

ข้าวผัด	kaao phat	gebratener Reis
ข้าวขาหมู	kaao kaa muu	Reis mit geschmorter Schweinshaxe
ข้าวหมูแดง	kaao muu dääng	Reis mit gebratenem Schweinefleisch
ข้าวมันไก่	kaao man gai	Reis mit Hühnerfleisch
ข้าวหน้าเป็ด	kaao naa pet	Reis mit gegrillter Ente

ก๋วยเตี๋ยว — Nudelgerichte

ก๋วยเตี๋ยว/บะหมี่/วุ้นเส้น	guaitiao/bamii/wunsen	Reis-/Eier-/Glasnudeln
ก๋วยเตี๋ยว น้ำ/...	guaitiao naam/hääng	Nudeln mit/ohne Suppe
ก๋วยเตี๋ยวผัดซีอิ๊ว	guaitiao phat si-io	gebratene Nudeln mit Sojasauce
ข้าวซอย	kaao sooi	Eiernudeln in Kokosmilch-Suppe, nordthailändischer Art
ขนมจีนน้ำยา	kanom dschiin naam jaa	Reisnudeln aus Sauerteig mit scharfer Fischsuppe
หมี่กรอบ	mii groop	knusprig gebackene Reisnudeln

แกงจืด, ต้มยำ — Suppen

แกงจืดเต้าหู้	gääng dschüüt tau huu	Tofu-Suppe
แกงจืดผักรวม	gääng dschüüt phak ruam	Gemüsesuppe
เป็ดตุ๋นฟัก	pet tun fak	Entensuppe mit Wintermelone
ต้มข่าไก่	tom kaa gai	scharf-saure Kokoscreme–Suppe mit Hühnerfleisch
ต้มเนื้อ	tom nüa	würzige Rindfleischsuppe
ต้มยำ	tom jam	scharf-saure Suppe

ยำ และอาหารอื่นๆ — Pikante Salate

ข้าวยำปักษ์ใต้	kaao jam pak tai	Reissalat
ส้มตำ	som tam	Papayasalat
หมี่กะทิ	mii gati	Reisnudelsalat mit Kokossauce
แหนมสด	nääm sot	Salat mit Hackfleisch und gekochter Schwarte vom Schwein
ยำ เนื้อ/ปลาหมึก/วุ้นเส้น	jam nüa/plaa mük/wunsen	Fleisch-/Tintenfisch-/Glasnudelsalat (scharf)
ลาบ เนื้อ/ไก่	laap nüa/gai	scharfer Salat aus gehacktem Rind-/Hühnerfleisch

ปลา และอาหารทะเล — Fisch/Meeresfrüchte

ต้มยำ กุ้ง/ปลา/โป๊ะแตก	tom jam gung/plaa/po tääk	scharf-saure Suppe mit Garnelen/Fisch/Meeresfrüchten
ห่อหมกปลา/ทะเล	hoo mok plaa/thalee	gedämpfter Auflauf mit Fisch/Meeresfrüchten
ปลาสามรส	plaa saam rot	Fisch in scharf-süß-saurer Sauce
ปลาเปรี้ยวหวาน	plaa priao waan	Fisch süß-sauer
ปลาไหลผัดเผ็ด	plaa lai phat phet	scharf gebratener Aal
แกงฉู่ฉี่ปลา	gääng tschuu-tschii plaa	Fisch-Curry
ทอดมัน ปลา/กุ้ง	thootman plaa/gung	Fisch-/Krabbenfrikadelle

ปลา และอาหารทะเล / FISCH, MUSCHELN UND SCHALENTIERE

ปลาทอด	plaa thoot	gebratener Fisch
กุ้ง/หอย/ปลา/ปลาหมึก/ปู เผา	gung/hooi/plaa/plaa mük/puu phau	gegrillte Garnelen/Muscheln/ Fische/Tintenfische/Taschenkrebse
หอยแมลงภู่ทอด	hooi maläang phuu thoot	Miesmuscheln auf Pfannkuchenteig
ออส่วน	suan	gebratene Austern in einer Mehl- und Eiermasse
ปลา/ปู นึ่ง	plaa/puu nüng	gedämpfte Fische/Taschenkrebse
ปลาหมึกทอดกระเทียม พริกไทย	plaa mük thoot grathiam phrik thai	gebratene Tintenfische mit Knoblauch und Pfeffer
ปลากระบอก	plaa grabook	Meerbarbe
ปลากะพง	plaa gaphong	Seebarsch
ปลาขาว	plaa kaao	Dorsch
ปลาจะละเม็ด	plaa dscha-la-met	Butterfisch
ปลาท	plaa thuu	Makrele
ปลาสำลี	plaa samlii	Seehecht
ลูกชิ้นปลา	luuk tschin plaa	Fischbällchen

ผัก, สลัด และเครื่องเคียง / GEMÜSE, SALATE UND BEILAGEN

ผัดผักรวม	phat phak ruam	sautiertes Mischgemüse
ผัดผักคะน้าน้ำมันหอย	phat phak kanaa naamman hooi	sautierter chinesischer Brokkoli mit Austernsauce
ผัดข้าวิพดอ่อนกับเห็ด	phat kaao phoot oon gap het	sautierte junge Maiskolben mit Pilzen
ผักกาดดอง	phak gaat doong	eingelegtes Senfgemüse
สลัดผักรวม	salat phak ruam	gemischter Salat
หัวหอม	hua hoom	Zwiebel
สลัดแขก	salat kääk	gemischter Salat malaiischer Art mit Erdnußdressing
ข้าวเปล่า	kaao plau	gekochter Reis
ข้าวเหนียว/ข้าวนึ่ง	kaao niao/kaao nüng	gedämpfter Klebreis
มันฝรั่ง (ต้ม)	man farang (tom)	(gekochte) Kartoffeln
เฟรนช์ไฟรย	frenfrai	Pommes frites

อาหารว่าง / KLEINE GERICHTE

เกี๊ยวกรอบ	giao groop	knusprige, gefüllte Teigtaschen
ปอเปี๊ยะทอด	poo pia thoot	fritierte Frühlingsrollen
ข้าวเกรียบ	kaao griap	Krupuk
สาคูไส้หม	saakuu sai muu	Tapiokabällchen mit Fleischfüllung
สะเต๊ะ ไก่/เนื้อ/หม	sate gai/nüa/muu	Spießchen aus gegrilltem Hühner-/ Rind-/Schweinefleisch
ไส้อั่ว	sai ua	Bratwurst nordthailändischer Art

ผลไม้		OBST
กล้วย	glaui	Banane
แตงโม	täängmoo	Wassermelone
มะม่วง	mamuang	Mango
มะละกอ	malag	Papaya
มังคุด	mangkut	Mangostin
ลิ้นจี่	lin-dschii	Litschi
ส้มเขียวหวาน	som kiao waan grüne	Mandarine
สับปะรด	sapparot	Ananas

ของหวาน		NACHSPEISEN
กล้วยทอด	gluai thoot	fritierte Bananen
กล้วยบวชชี	gluai buat tschii	Bananen in Kokosmilch
ข้าวหลาม	kaao laam	süßer Klebreis im Bambusrohr
ข้าวเหนียวมะม่วง	kaao niao mamuang	süßer Klebreis mit Mango
ซ่าหริ่ม	sarim	Kaltschale mit Fädchen aus Mehl in Kokossauce
ตะโก้	tagoo	Kokospudding
สังขยา	sangka-ja	gedämpfte Eierschnitte
ไอสครีมกะทิ	aisakriim gati	Kokoseis

รายการเครื่องดื่ม

Getränkekarte

เหล้า/เบียร์		ALKOHOLISCHE GETRÄNKE
เบียร์ ...	bia ...	... Bier
... หนึ่ง แก้ว/ขวด	... nüng gääo/kuat	ein/e Glas/Flasche ...
เบียร์สด	bia sot	Bier vom Faß
เหล้า	lau	Schnaps
วีสกี้ ไทย/ฝรั่ง	witsagii thai/farang	Whisky, Thai/westlich
เหล้าองุ่น แดง/ขาว	lau a-ngun dääng/kaao	Wein, rot/weiß

เครื่องดื่มไม่มีแอลกอฮอล์		ALKOHOLFREIE GETRÄNKE
น้ำผลไม้	naam phonlamaai	Fruchtsaft
น้ำมะพร้าว	naam maphraao	Kokosnußsaft
น้ำส้ม	naam som	Orangensaft
น้ำอัดลม	naam at lom	Limonade mit Kohlensäure
น้ำเปล่า	naam plaao	Wasser
น้ำแข็งเปล่า	naam käang plaao	Wasser mit Eiswürfeln
โซดา	soodaa	Wasser mit Kohlensäure
เบียร์ไม่มีแอลกอฮอล	bia mai mii älgoohoo	alkoholfreies Bier